VERLAG

BEGEGNUNGEN

ISBN 978-3-946723-83-7

Anja Link
Sieben Wochen Abschied von Bert

Gestaltung: Christine Goeb-Kümmel
Lektorat: Johanna Furch, www.wortwuehlmaus.de

Verlag: Begegnungen, Schmitten
www.verlagbegegnungen.de
Fotos Cover hinten, S. 10 + 168: Andreas Link
Alle anderen Fotos: Anja Link

1. Auflage
Gedruckt in Deutschland

Sieben Wochen
Abschied von Bert

von

Anja Link

VERLAG
BEGEGNUNGEN

Widmung

Meine Erzählung über die letzten Tage mit Bert ist den Menschen gewidmet, die ihr Tier aus tiefstem Herzen lieben und den Abschied fürchten:

Du kennst die Melodie Eures gemeinsamen, unverwechselbaren Liedes. Du weißt um den Gleichklang Eurer Seelen.

Er hat Dich stets getragen, und wird es immer tun.

Du kennst den sehnlichen Wunsch, zu beschützen. Und Du weißt, es ist nicht immer möglich.

Das Buch ist für Dich, wenn Du denkst, Dein Herz wäre im Abschied gebrochen. In dem Schmerz zeigt sich die unbeschreibliche Liebe. Für Dich habe ich diese Geschichte geschrieben, damit Du verstehst, die Verbundenheit ist immer da. Über den Tod hinaus.

Du hast den großartigsten Lehrmeister in Deinem Leben – auf dieser oder der anderen Seite der Regenbogenbrücke. Vertraue ihm. Der gemeinsame Weg ist so wertvoll!

Möge unsere Geschichte Dich mit diesem Wissen verbinden!

Inhalt

Danke …

Valeska, für die Entwirrungen. Ja, ich kann es alleine, und doch ist die Begleitung wertvoll.

Carola, für die Wegbegleitung.

Bianca, für die Ermutigung im richtigen Moment.

Danke, Lucy, Ernie und Smilla, dass ihr in meinem Leben seid.

Botschaft von Bert

Als alle Kapitel aufgeschrieben waren, meldete sich Bert bei Bianca mit einer Botschaft, die so wunderschön ist, dass sie hier ihren Platz bekommen soll.*

**Bianca Stork, Seelenleuchten*

*Ich lebe in Deinem Herzen weiter-
was immer geschieht, welches Wort Du auch wählst.*

*Es ist Dein heilsamer Weg und ein wenig auch meiner.
Weil es unser Weg ist.*

*Jenseits von Zeit und Raum wache ich über Dich und
schicke Dir die Leichtigkeit,
die Du benötigst, immer weiterzugehen.*

*Ja, Du wirst sagen, Du spürst keine Leichtigkeit.
Aber wenn Du dich dafür öffnest,
wirst Du wissen, dass es stimmt.*

*Der Tag wird kommen, an dem Du verstehst,
an dem Du so bereit bist, wie nie zu vor,
Dich vollständig hinzugeben und dem Leben
zuzuwenden.*

So werde ich sterben und neu geboren,
als Leitstern in Deinem Herzen.

Unsere Geschichte wird Dein Antrieb sein.
Es wandelt sich und der Weg geht nach vorn weiter.
JETZT ist immer der richtige Zeitpunkt.

Gehe mutig weiter und weiter.

Teile uns mit der Welt.
Nicht für Dich - für alle anderen!

Es ist die Liebe, die heilt, wenn Du sie lässt.
Unter all dem Schmerz war sie vielleicht manchmal
vergraben … aber niemals weg.

Auch ich werde niemals weg sein.

Danke für Dein Vertrauen in mich.
Nun vertraue dem Leben.

In Liebe - Dein Bert

Vorwort

von Bianca, deren Ermutigung an der richtigen Stelle eine Geburtshilfe für das Buch war.

„Meine Aufgabe als Tierkommunikatorin sollte es sein, Berts Botschaften zu empfangen, so war Anjas Idee.
Für Bert aber war klar, dass sie diesen Weg mit sich gehen muss und ich einfach den Raum halte, indem ich Anja ermutige und an sie glaube.
Ein Heilungsweg ist nicht immer leicht und gestaltet sich nicht immer so, wie wir es gerne hätten. Diese Beschreibung passt wunderbar auch auf den Sterbeprozess, den Pfad des Abschieds.
Anja hat gelernt, das Unvermeidbare anzunehmen und damit umzugehen. Sie hat Bert im Sterben begleitet und ihm dennoch seine Freiheit gelassen.
Sie hat viele Ängste überwunden und wahre Verbundenheit erlebt.
Der Abschied ist nicht leicht, dennoch leider unvermeidbar.

Wir Tiermenschen spüren diese innige Verbindung zu unseren Gefährten und nicht selten „bricht es uns das Herz", wenn sie sterben.
Im bewussten Abschied können wir die wahrhaftige und ewige Verbundenheit erleben und auch erkennen, dass dieses Band unzerstörbar ist. Auch über den Tod hinaus.

Warum ist also die bewusste Begleitung im Abschied so wichtig und wertvoll?
Weil dieser gemeinsame Weg uns persönlich wachsen lässt und Frieden bringt.
Und auch, weil unsere Tiere gern mit uns leben und diese besondere Zeit ganz intensiv mit uns verbringen möchten.

Wenn Du mit Deinem Tier im Sterbeprozess sprichst, wirst Du erleben, dass wir Menschen oft sehr viel dramatisieren und unsere Tiere mit all ihrer Liebe und Weisheit sogar dann noch gute Ratschläge geben, und nicht selten für den einen oder anderen Lacher sorgen.

Wir können lernen, den Tod anzunehmen und ihm mit Leichtigkeit zu begegnen.

Wir werden im Herzen berührt und finden die Freiheit unserer Seele.

Kann man denn mit einem verstorbenen Tier wirklich sprechen und ernstzunehmende Botschaften empfangen? Lies selbst und lass Dich berühren von Anjas und Berts magischer Reise.

Voller Dankbarkeit und Ehrfurcht in das Leben wünsche ich Dir, liebe Leserin, lieber Leser, heilsame Berührungen im Herzen auf Deinem eigenen Heilungsweg.

Danke, Anja, dass ich ein Teil Eures Weges sein darf.

Von Herzen - Bianca Stork"

Anmerkung zu den Botschaften von Bert, die die folgenden Kapitel begleiten:

Im Entstehungsprozess des Buches wurde für Anja deutlich, dass Bert selbst zu Wort kommen und seine Ansichten in die Texte einbringen möchte. Es brauchte insgesamt sechs Workshops und Ausbildungen in Tierkommunikation, bis sie schließlich genügend Mut und Vertrauen aufbringen konnte, die Botschaften von Bert selbst zu empfangen und aufzuschreiben.

Bert von Oberndorf

Das ist Bert, wunderbarster Kater, Fels in der Brandung. Er hat sich dieses Buch ausgedacht, großartig Regie dazu geführt und sich letztlich mit den Botschaften, die ihm wirklich wichtig sind, persönlich eingeschaltet. Ohne ihn wäre so einiges nicht passiert.

Bert ist, nachdem er einen beeindruckenden Pakt mit dem Universum geschlossen haben muss, am Ende des Sommers im Jahr des Tagpfauenauges (BUND) in einem kleinen Dorf in Oberfranken als fröhliches, mutiges und einfach nur perfektes Katerkind geboren.

Im Tierheim packte er ein halbes Jahr später seine Koffer und zog mit seiner Schwester Cindy bei Anja ein. Dort lebte er elf Jahre lang augenscheinlich ein unauffälliges, ganz normales Leben als Teilzeit-Streuner – bis er fand, es wäre an der Zeit, seinen irdischen Körper zu verlassen.

Dies allerdings nicht, ohne noch mal eben im Turbo-Gang ein paar überfällige Veränderungen in Anjas Leben vorzunehmen, Vernetzungen anzubahnen und eine sehr wichtige Lektion in Sachen Leben und Sterben zu lehren.

Die Mitbewohner:

Lucy wurde zwei Jahre nach Bert geboren und von ihm adoptiert. Nun ja, eigentlich war es andersrum. Aber Bert akzeptierte schließlich seine Rolle als Zieh-Papa und die beiden verband fortan ein inniges Band der Freundschaft. Lucy ist heute eine überaus freundliche, neugierige Katzen-Dame mit einem leichten Hang zu Nervosität. Sie schätzt ihre eigenen Rituale und haut den anderen im Vorbeigehen heimlich auf den Hintern.

Ein weiteres Jahr später wurde ***Ernie*** geboren und ist in diese Katzen-Mensch-Familie eingezogen. Nach einer einwöchigen Auszeit war in Bert die Entscheidung gereift, auch für Ernie ein liebevoller, geduldiger, bei Bedarf strenger Papa zu sein. Geduld gehört nicht gerade zu Ernies Stärken, dafür aber Entschlussfähigkeit, das Finden heruntergefallener Leckerlies und der Sinn für Familie. Er hat sehr feine Antennen und ist hilfsbereit (Familienmitgliedern gegenüber).

Smilla wurde unter Berts Fittiche genommen, als er selbst fünf Jahre war und bis sie sehr schnell die hausintern geltenden Regeln (Respekt und Freundlichkeit) verinnerlicht hatte. Wenn Smilla morgens aufwacht, freut sie sich, auf dieser Welt zu sein. Ihr Wesen ist klar und hell, sie ist sehr klug und witzig.

Kapitel 1 - *Erste Woche*
Eine schreckliche Diagnose

WANN STERBEN TIERE?
WERDEN SIE AUS IHREM LEBEN HERAUSGERISSEN?
ODER GEHEN SIE BEWUSST, WENN DIE AUFGABEN ERFÜLLT SIND?

Das Wissen, dass Bert bald sterben wird, setzt sich an einem Nachmittag im November in eine tiefe Ebene meines Bewusstseins. Ich sitze im Auto, habe gerade noch etwas Zeit bis zum nächsten Termin, als ich wie aus dem Nichts eine Veränderung wahrnehme, die ich nicht orten kann. Wie ein Donnergrollen, das man manchmal hört, obwohl der Himmel strahlend blau ist. Ich klicke durch die Musiktitel des USB-Sticks. Zufallswiedergabe. Lauter altes Zeug, kaum etwas, das zu meiner undefinierbaren Stimmung passt. Die meisten Lieder schalte ich schon mit dem ersten Akkord weiter, mein Finger erstarrt jedoch, als „Nada te turbe" anläuft - *„Nichts soll dich ängstigen"*. Eigentlich bin ich nicht ängstlich, trotzdem fühle ich durch dieses Lied plötzlich ein „Gehalten-werden". Meine Intuition sagt mir sofort, dass ich diesen Trost sehr bald brauchen werde. Gleichzeitig ist mir klar: Für nichts würde ich mehr Halt und Trost brauchen als für den Tod von Bert!

Augenscheinlich gibt es keine Hinweise darauf, dass Bert bald sterben würde. Er wirkt insgesamt putzmunter mit seinen elf Jahren, putzt sich munter und erledigt seine täglichen Routinen. Ausgiebige Dehn- und Streckübungen an frischer Luft, auf

Kann es sein, dass Bert die Entscheidung bald zu sterben an diesem November-Tag getroffen hat?

Bert: „Ja, es war genau der richtige Zeitpunkt, um alles ins Rollen zu bringen. Ich habe in diesem Leben erfahren, was meine Seele für die Entwicklung erfahren musste. Die eigenen Themen waren geheilt und die Uhr war abgelaufen. Es war eine klare, lichte Entscheidung, im Einklang mit allen Ebenen und zum höchsten Wohl für alle. Ich musste einen Prozess in Gang bringen, es war der bedeutendste Part meiner Lebensaufgabe, mit der ich zu Dir gekommen bin, der an diesem Tag in Bewegung gekommen ist. Alle Vorbereitungen dafür waren abgeschlossen."

dem Gartentisch sitzend das Revier mit seinen Bewohnern betrachten und an sehr vergnüglichen Tagen wird der kleine Fußball durch die Wohnung gekickt. Er erledigt all diese Kateraufgaben sehr souverän. Der Blick und sein Verstand sind glasklar, stark und immer sehr liebevoll. So stupst er zum Beispiel seine Nase oft an meine Stirn, wenn wir auf dem Sofa nebeneinandersitzen. Ich genieße es, meine Nase in seinen seidenweichen, sehr würzig duftenden roten Pelz zu graben.

Was auf dieser Welt sollte diesem wunderbaren Geschöpf den Atem nehmen und sein tapferes großes Katerherz aufhören lassen zu schlagen? Ich verscheuche dieses unbequeme Wissen um eine baldige Veränderung aus meinen Gedanken und wir leben unser gewohntes Leben erstmal weiter – Lucy, Smilla, Ernie, Bert und ich.

Ich liebe dieses gewohnte, ganz normale Leben sehr – zu jeder Jahreszeit, tags und nachts. Gerade jetzt im Winter liegen alle vier häufig auf dem Sofa und verströmen so viel Schlafgas, dass meine eigenen Grübeleien darin ersticken. Gibt es etwas Schöneres?

Ernie und Bert konkurrieren diesen Winter um den kugelrundesten Wohlstands-Bauch. Bert hat es mit seiner Vorliebe für Sahne, Frischkäse und veganem Schafskäse geschafft, eine Schnurrhaar-Nasenlänge weiter vorn zu liegen. Die Kälte hält als Vorwand her, die Bewegung an der frischen Luft zu vernachlässigen. Wer muss denn auch Mäuse fangen, wenn leckere Mahlzeiten Mithilfe des Dosenöffners den Weg in die eigentlich niemals wirklich leeren Mägen finden?

Draußen taucht in diesen sehr kalten Nächten dieses Winters ein schwarzweißer Kater auf – auch für ihn bleibt etwas übrig. Bürgermeister, so nenne ich ihn, weil ich ihn schon an den unterschiedlichsten Orten im Dorf angetroffen habe. Er hat offensichtlich kein Zuhause.

Es ist Mitte Januar, als ich in Berts Bauch bei der Knuddel-Routine ein etwa zwei bis drei Zentimeter großes „Irgendwas-wahrscheinlich-ein-schlimmer-Tumor" ertasten kann. Dieser Knubbel mitten in Berts weichem Bauch ist wie aus Gelee, lässt sich bewegen und scheint ihm keine Schmerzen zu bereiten. Vielleicht auch nur ein angeschwollener Lymphknoten? Also nur etwas Harmloses, das bald wieder weg geht?

Die Frage, wie schnell wir jetzt in die Tierarztpraxis müssen, klärt Bert in einer der nächsten Nächte mit einem lauten Scheppern. Sein Sprung auf den zwei Meter hohen Kühlschrank ist schon sehr gewagt, und dass dort eine Teekanne aus Glas steht, weiß er, oder weiß er vielleicht auch nicht. Jedenfalls landen beide unsanft auf den Küchenfliesen. Die Teekanne, eine bis dahin langjährig Überlebende im Haushalt, zerbricht und Bert humpelt.

Eine Tierärztin untersucht also Anfang Februar Berts Schulter und auf meine Bitte hin auch den Bauch. Ihr Ergebnis: „Da ist nichts." Wie schön. Alles in Ordnung. Zu Hause spaziert Bert direkt in seinen Garten. Er begrüßt die 133 Goldfische, trinkt ihnen das Wasser weg. Er läuft durch den Pavillon, nicht ohne sich ausgiebig auf den Terrassenbrettern zu strecken und den Stress in das Holz zu kratzen.

War dies eine Fehldiagnose? Gehörte es zum Plan? Wofür war dieser Tierarzt-Besuch gut, wenn der Tumor noch nicht entdeckt werden konnte? Warum hatten wir keine Chance?

Bert: „Es war in diesem Stadium schwierig, den Tumor zu erkennen. Für Dich war es wichtig, ein ‚Schein-Wissen' zu haben. Dein Kopf musste sich wieder beruhigen. Dafür war es gut. Die Absprachen waren bereits getroffen. Es ging mir gut, ich war stets zur richtigen Zeit am richtigen Ort."

Es geschah also nichts davon zufällig? **Bert lacht**

Als er die Grillecke am Ende des Grundstücks und gleichzeitig am Ende unseres Dorfes passiert, betritt er sein eigentliches Revier: das Niemandsland. Von hier bis zur Dorfstraße sind es etwa dreihundert Meter. Eine große Wiese auf der einen Seite, ein Maisfeld auf der anderen und ein langgezogener wild bewachsener Weg in der Mitte führen zu einem kleinen Biotop mit ein paar Büschen und Bäumen. Von dort ist es nur einen Katersprung bis zur Straße. Ich denke, Bert beobachtet sie gerne. Beinahe bin ich mir sicher, dass er weiß, die Nachbarn werden mir wieder erzählen, dass sie ihn dort gesehen haben. Vielleicht lächelt er dann weise wie Buddha, weil er weiß, ich habe die Lektion mit dem Vertrauen noch zu lernen. Aber was soll ich machen? Ihn einsperren? Das

Risiko eines Unfalls in Kauf nehmen? Vertrauen? Er soll frei sein, sein Leben genießen und die Geborgenheit und Sicherheit haben, wenn er sie haben möchte.

Der Gedanke, Bert könnte überfahren werden, ist immer präsent. Jeden Abend radle ich auf dem Weg nach Hause diese Straße entlang und denke in der letzten Kurve vor der Garage erleichtert: „Heute war nicht der Tag, an dem Bert überfahren wurde." Ich hielt dies tatsächlich schon immer für die wahrscheinlichste Option, wie Bert sterben würde.

Allmählich mischt sich zu der üblichen Sorge noch die Angst, Berts Sinne könnten nachlassen und er könnte vielleicht schon bald die eigene Geschwindigkeit und die der anderen Verkehrsteilnehmer nicht mehr richtig einschätzen, wenn er zum Feld auf der anderen Straßenseite wechselt. Vielleicht verknüpft sich hier auch einfach meine Sorge mit dem verborgenen Wissen, dass er nicht mehr lange leben würde.

Uns sind noch gut drei Monate Normalität vergönnt. Später werde ich mich fragen, was in dieser Zeit alles passiert ist, und ob ich vielleicht zu sehr abgelenkt war, um zu merken, wie ein Tumor sich in rasender Geschwindigkeit in Berts Körper ausbreitete. Ich werde Fotos aus der Zeit anschauen, jeden einzelnen Tag aus meinem Kalender gedanklich rekonstruieren. Aber es war nichts anders als sonst. Wir teilten Sofa und Bett, Bert schlief jede Nacht an meiner Seite und ich atmete die Luft ein, die er gerade ausgeatmet hatte – den Tod würde ich kommen hören, oder etwa nicht? Der Himmel, das Universum und alle guten Engel würden mich aufmerksam machen, wenn etwas nicht in Ordnung wäre, richtig? Gut möglich, dass es Hinweise gab, die ich nicht sehen wollte, die ich gar nicht merken sollte. Möglicherweise stand Berts Entschluss zu gehen auch einfach fest.

Bert: „Felsenfest, ja. So war es, meine Liebe. Und auch wenn es für eure Ohren falsch klingt: Es war das Beste. Die guten Engel haben Dich nicht gewarnt, sie haben Dich vorbereitet und getragen."

Noch ist es nicht so weit. Lucy, Smilla, Ernie, Bert und ich leben als Wohngemeinschaft zusammen. Wir pflegen einen freundlichen, möglichst respektvollen Umgang miteinander. Jeder geht seiner Wege, erfüllt die eigenen Aufgaben und ein starkes unsichtbares Band verbindet uns stets. Ich für meinen Teil erledige zuverlässig meine Arbeit, der ganze Luxus für die Katzenfreunde muss schließlich irgendwie finanziert werden. Die Alltags-Routinen vermitteln mir ein sicheres Gefühl. Auch wenn ich immer mal wieder den Gedanken habe, das alles könnte zerbrechlich sein, laufe ich in diesem Alltag wie auf einem Teppich auf sicherem Boden.

Smilla und Lucy, die hübschen Katzenmädels, machen einfach immer eine gute Figur, ernähren sich ausgewogen, machen ausgiebige Spaziergänge und ich kann nicht ausschließen, dass sie sich mit den anderen vierbeinigen Damen aus der Siedlung zum Yoga treffen. Sie verlieren nicht viele Worte darüber. Die Jungs - Ernie und Bert - sind da eher ... wie soll ich sagen ... sie geben sich hin, unkontrolliert, zügellos, tun das, was ihnen gerade in ihren Katerköpfen einfällt.

In den Sommermonaten vernebelt die Natur ihre Sinne, im Winter üben ein gefüllter Futternapf und das bequeme Sofa eine starke Anziehungskraft aus. Sie tun dies ohne erkennbar schlechtes Gewissen, haben keine Skrupel, sich gehen zu lassen, die Kontrolle zu verlieren.

Als es wieder wärmer wird, beginnt die Zeit, in der wir uns manchmal sogar tagelang nicht sehen. Ich bin erstmal nicht alarmiert, als Bert Gewicht verliert. Eher sogar beruhigt, weil es zu den Routinen im Jahresverlauf dazu gehört.

Das ändert sich am Sonntag, 2. Mai. Meine Freunde Kerstin und Bernd sind zu Besuch, ich hatte vegane Burger versprochen und gebe mein Bestes, um die sonst auch Fleisch essenden Freunde kulinarisch von einer Alternative zu überzeugen. Wir pflegen dieses Ritual seit einigen Jahren: Derjenige, der die Katzen der anderen während dessen Abwesenheit verpflegte, wird mit einem guten Essen belohnt. Der gerade erst entdeckte pflanzliche Schafskäse passt prima mit in Pesto Rosso angebratenen Kräutersaitlingen und karamellisierten Zwiebeln zu den Burger-Pattys. Zur Feier des Tages lässt auch Bert sich blicken. Er spekuliert auf etwas Schafskäse.

„Der ist aber dünn geworden!", fällt Kerstin auf und sie hat recht. Ich hatte dies in den vergangenen Tagen nicht sehen wollen, aber plötzlich bahnt es sich unwiderruflich in mein Bewusstsein: Das ist nicht mehr normal. Mit dieser Bemerkung ist die beinahe sorglose Zeit endgültig vorbei. Die Katzenklappe schließt sich wieder hinter Bert und ich weiß, dass ich so schnell wie möglich einen Tierarzt-Termin brauche.

Während die Sprechstundenhilfe der Tierarztpraxis die Dringlichkeit sofort versteht, ist Bert anderer Meinung. Drei mühsam ergatterte Notfall-Termine muss ich kurzfristig absagen, weil Bert einfach untergetaucht ist.

Am Dienstag, 11. Mai, sind wir früh morgens endlich in der Praxis – nun hätte ich gerne eine händelbare Diagnose. Ich weiß ja, es ist etwas Ernstes. Vielleicht, so verhandele ich mit dem Universum, könnte es eine akute Nierenschwäche sein. Die kann man doch behandeln. Hauptsache, ich kann etwas tun! Nicht denken oder fühlen, nur tun.

Wir sind die ersten Patienten an diesem Tag und setzen uns. Bert auf dem einen, ich auf dem anderen Stuhl vor dem Behandlungszimmer. Die Stimmung wirkt gedämpft. Durch die Praxis fließen nur ein paar Sonnenstrahlen, die von draußen durch den Nebel hereinkommen, der über dem Garten schwebt.

Die Luft ist noch unverbraucht, dennoch bahnt sich der vertraute Geruch von Desinfektionsmitteln und nassem Hundefell in meine Nase. Als die Tierärztin um die Ecke kommt und uns begrüßt, kann ich sie wegen der OP-Maske nicht leicht einschätzen, doch ihre Stimme wirkt geduldiger als sonst. Sie bittet uns in das kleinere Behandlungszimmer. Zwischen dem Schrank, durch dessen gläsernen Türen man hunderte Globuli-Glasfläschchen sehen kann, und der gegenüberliegenden Wand mit dem Röntgenbildbetrachter über dem schmalen Schreibtisch, passt gerade so der Behandlungstisch.

Die Tierärztin, sie ist die Chefin der Praxis, wird sich nicht daran erinnern, dass sie vor beinahe genau zehn Jahren schon einmal in diese große Box geblickt, und das rote Katerkind angelächelt hat.

Ruhig beobachtet sie, wie ich Bert in seiner Box auf den Behandlungstisch stelle und heraushole. „Was ist mit ihm?"

„Er nimmt ab, wahnsinnig schnell. Er nimmt im Frühling immer ab, aber nicht so schnell wie in den vergangenen Wochen."

„Frisst er? Trinkt er?"

„Er frisst weniger als sonst. Wieviel er trinkt, weiß ich nicht, er trinkt immer aus dem Gartenteich."

Sie stellt weiter ihre Fragen und setzt ihn auf die Waage. Nur 3,75 Kilo! Das ist wenig für einen nicht sehr zierlichen Kater, normal hatte er mindestens 5,5 Kilo. Die Tierärztin legt beide Hände um seinen Brustkorb, tastet den Bauch ab und hält sofort inne. Sie scheint etwas in seinem Bauchraum fühlen zu können, tastet weiter behutsam, bevor sie sagt: „Er hat einen Tumor, etwa so groß." Sie nimmt ihre Hände von Bert und formt in der Luft eine Art Kugel, so groß wie Berts Kopf: „Da fließt die ganze Energie hin!".

Die Welt hört auf, sich zu drehen.

Mir wird schwindelig. Jetzt durchhalten. Für Bert. Atmen. Aufmerksam bleiben. Bert beschützen.

„Wir machen jetzt erstmal einen Ultraschall", höre ich die Tierärztin durch meine immer lauter werdenden Gedanken sagen. Ich setze mich mit Bert in der Box wieder in das Wartezimmer. Vielleicht entpuppt sich der schlimme Verdacht gleich einfach als ein schreckliches Missverständnis?

Bert wird im Zimmer nebenan von einem ihrer Kollegen sanft, aber bestimmt, rücklings auf einen Untersuchungstisch gelegt. Ich nehme seinen Kopf in meine Hände und streiche über die weißen Schnurrhaare, während die Tierarzthelferin eine kleine Stelle am Bauch rasiert. Das Tierarzt lobt Bert für seine Geduld und warnt ihn, dass es nun etwas kalt werden wird. Berts Augen wandern zu mir, während still meine Tränen auf seine Ohren tropfen. Der Ultraschall-Kopf bringt schwarze, graue und weiße Flecken auf einen kleinen Bildschirm. Mein wunderbarer, starker, lebensfroher, schöner Bert lässt die Untersuchung geduldig über sich ergehen. Ich flüstere Bert leise zu, dass ich ihn liebe, während die Diagnose auf dem Bildschirm unwiderrufbar zur Realität wird. „Das ist alles Gewebe, das da nicht hingehört. Hier sieht man auch", der Tierarzt deutet auf einen schwarzen kleinen See, „dass sich schon freie Flüssigkeit um den Tumor gebildet hat. Es handelt sich also um einen schon fortgeschrittenen Prozess."

„Der Tag fängt ja nicht mit guten Nachrichten an", sagt die Tierärztin, als wir zurück im Behandlungszimmer sind. Ihr Mitgefühl wirkt routiniert, aber sie meint es ehrlich.

„Die Welt zerbricht gerade, kann es irgendeine schrecklichere Nachricht geben?", denke ich und wische eine Träne von meiner Wange. „Was können wir für ihn tun?", frage ich.

„Es geht nicht darum, ihn sofort einzuschläfern. Aber man kann nicht operieren. Der Tumor ist zu weit fortgeschritten."

„Können Sie sagen, wie lange er damit leben kann?"

Sie schüttelt den Kopf.

In diesem Moment weiß ich nicht, was ich sagen soll. Vielleicht bin ich nur sprachlos, vielleicht weiß ich auch, dass wir wenig Optionen haben. Ich sollte Fragen stellen, aber mein Gehirn produziert nur irgendwelche Wortfetzen und Gefühle. Keine Sätze, mit denen in der Tierarztpraxis jemand etwas anfangen könnte. Bert bekommt eine hoch dosierte Cortison-Spritze. Ich verstehe nicht, warum er Cortison bekommt, aber bin nicht in der Lage zu hinterfragen, zu diskutieren. Ich fühle mich ohnmächtig und kopflos und versuche, in diese Entscheidung zu vertrauen.

Bert wird für heute entlassen. Durch einen dichten emotionalen Nebel schaffen wir es nach Hause. Erst dort merke ich, wie froh ich bin, dass ich ihn mit heim nehmen konnte. Dass keine sofortige Entscheidung über eine mögliche Euthanasie von mir verlangt wurde. Wie hätte das auch gehen sollen? Mir fehlten Informationen, eine Grundlage, Alternativen. Entsetzlich die Vorstellung, mir wäre in der Praxis direkt gesagt worden, man muss ihn sofort „einschläfern", weil man ihm nicht mehr helfen kann und er leidet und Schmerzen hat. Wenn mir keine Wahl gelassen worden wäre, keine Zeit zum Überlegen, denken, abwägen. Wäre ich in der Lage gewesen, mein Bauchgefühl überhaupt wahrzunehmen und mich sogar gegen die Euthanasie zu stellen? Wie viel Verantwortung birgt diese kleine Sequenz des Lebens? Und wie wenig bin ich vorbereitet?

An dieser Stelle hätte die Geschichte - das Leben von Bert - fast ein anderes Ende gehabt. Eine andere Tierarztpraxis, Anzeichen, dass er Schmerzen hätte, und es wäre vermutlich der Vorschlag oder sogar die Entscheidung vom Tierarzt gekommen, sofort zu euthanasieren. Was hätte ich dann getan? Um nichts in der Welt wollte ich, dass Bert leidet! Alle eigenen Wünsche und Bedürfnisse nach mehr Lebenszeit und behütetem Sterben würden von diesem Argument erstickt.

Als wir zuhause ankommen, schüttelt er sich leicht empört den Tierarztbesuch aus dem Pelz und verkrümelt sich erstmal ins Niemands-

Wählen Tiere die todbringende Krankheit? Warum war es ein Tumor?

Bert: „Es entwickelt sich das, was in das System passt. Die Botschaften und Aufgaben der Seelenebene manifestieren sich auf der körperlichen Ebene.

Der Tumor waren angestaute, verknäuelte Emotionen – meine Wutkugel. Du wirst es erst später verstehen können. Der Tumor war ein endgültiges Signal. Da war kein Platz mehr für Hoffnung und Aktionismus, andererseits ließ er uns noch genügend Zeit, um Abschied zu nehmen. Für mich war er auf eine Art angenehm – er bereitete mir keine Schmerzen, ich konnte eine Weile gut mit ihm leben."

land. Bei mir dagegen überschlagen sich die Fragen in meinem Kopf: Wieviel Zeit bleibt uns? Sind es zwei Tage? Drei Wochen? Wie wird es sein, was wird passieren, was wird er brauchen? Brauche ich mehr Informationen? Oder nur Vertrauen in Bert? Ich wünsche mir, ich könnte diesen schlimmen Film in meinem Kopf anhalten.

Bert: „Die Euthanasie gehörte nicht zum Plan. Würdest Du sonst an diesem Buch über unsere Geschichte schreiben? Kannst du die Größe des Plans und das Zusammenwirken aller Ebenen erkennen?"

Ich will nicht, dass dieser wunderbare, schöne Kater durch eine Spritze getötet wird. Ich möchte ihn begleiten, bis er stirbt, und alles Erforderliche für ihn tun. Aber kann ich das „verantworten"? Ist das „würdevoll"? In vielen Beiträgen von anderen Menschen mit kranken Tieren habe ich gelesen, man würde es wissen, wenn der Zeitpunkt gekommen wäre, das Tier zu „erlösen". Ich kann mir das nicht vorstellen, diesen Moment zu erkennen. Oder dass es ein Wunsch von Bert wäre. Wir nehmen etwas vorweg und versuchen vielleicht, das eigene Leiden, die Unerträglichkeit des bevorstehenden Lebensendes abzukürzen. Kann Bert nicht selbst entscheiden, in welchem Tempo er sterben will? Und wie er sterben will? Und wo? Ich habe mal gelesen, das Sterben sei genauso individuell wie die Geburt – die Seele wählt den genau richtigen Zeitpunkt dafür.

Die Menschen in meinem Umfeld – Freunde, Verwandte, Kollegen – würden mich fragen, ob ich versuche, sein Leben zu verlängern, weil ich seinen Tod nicht ertragen kann. Und wie ich darauf komme, eine Katze zu behandeln, als könne sie denken und fühlen wie ein menschliches Wesen?

Ich kenne einen Arzt, der ist ein ziemlicher Freak, ein Genie. Er hat mal nebenbei gesagt, als es um die Kaninchen einer Freundin ging: „Die Gehirne sind genauso gebaut wie unsere. Warum sollten sie also ganz anders funktionieren?“ Ein interessanter Gedanke! Was geht also in den Köpfen, in den Seelen unserer Tiere vor? Was war Berts Meinung zu dieser Situation und zu seinem Lebensende?

Wie bewusst ist die Entscheidung zu Sterben im Alltags-Bewusstsein?

Bert: „Es ist nicht anders als bei euch Menschen. Mal greift ihr auf das vielschichtige Wissen zurück, und mal schwimmt ihr einfach im Hier und Jetzt. Es ist wie ein Laufen auf einer Route, die ihr geplant habt – ihr genießt die Aussicht, plaudert mit den Weggefährten und ab und zu vergewissert ihr euch, ob ihr auf Kurs seid. Die Tiere sind allerdings viel stärker im Vertrauen und müssen nicht ständig den Kurs überprüfen.“

Man sagt, die Menschen-Seelen legen ihre Lebensaufgaben fest, bevor sie in ein neues Leben auf diese Welt kommen. Sie sind die Ziele für die Entwicklung der Seele. Kommen Tiere ebenso mit einer Aufgabe in das Leben?

Bert: „Seelen sind Seelen und darin eine unglaubliche Essenz an Liebe und All-Wissen – nur Menschen kommen auf die Idee, einen Unterschied zu machen zwischen den Arten. Wir alle sind Funken der göttlichen Schöpfung, des Lichts und haben einen eigenen Plan für unsere Entwicklung. Jede Seele ist ein Puzzle-Teil im großen Geschehen und bevor eine Seele sich für eine nächste Inkarnation entscheidet, wählt sie zwischen den Möglichkeiten.

Stelle es Dir gerne vor, wie die Wahl deiner Kleider, bevor Du Dein Haus verlässt. Du wirst Dich fragen, was dienlich ist. Hast Du vor, einen großen See zu überqueren, so wirst Du Dich nicht für einen schweren Wintermantel entscheiden. Ich habe das Outfit „Kater" gewählt, denn mein Wunsch war, ‚die freie Wahl' erleben zu können. Die Wahl zwischen Geborgenheit und Freiheit. Gleichzeitig auch, gewisse Einschränkungen zu haben, die ein Leben als Kater mit sich bringt. Denke nur an den fehlenden Daumen.

Es gibt individuelle Pläne und Aufgaben und übergeordnete Ziele, in die sich die einzelnen Entscheidungen einfügen. So gibt es eine Entscheidung der Tiere, Menschen in ihrer Entwicklung voranzubringen. Menschen wiederum können durch ihre Fähigkeiten in besonderer Weise versorgen und pflegen – dies bringt Heilung auf allen Ebenen.

Beides ist eine Art des Dienens aus der bedingungslosen Liebe heraus, zur Erfüllung eines kosmischen Plans. Die Dimension der Zusammenhänge ist auf der Erden-Ebene für viele nicht vorstellbar. Es gibt Absprachen und Kooperationen, sie alle dienen der Fortentwicklung jeder einzelnen Zelle, der Erde, aller Planeten und des Kosmos.

Bevor eine Seele inkarniert, trifft sie eine Entscheidung, welcher Entwicklung und Aufgabe sie sich stellen möchte. Es ist ein großartiges Zusammenwirken – es gibt kein ‚Shit happens'! Wir dürfen immerzu lernen und weiterwachsen. Und wir dürfen uns entscheiden, uns einer Lern-Aufgabe (noch) nicht zu stellen – then shit happens again …

In der Geburt und im Sterben konzentrieren sich die Chancen für Wachstum, es sind sehr sensible Prozesse. Die Energien konzentrieren und potenzieren sich hier.

In den letzten Jahrzehnten hat sich in der Tiermedizin eine Kultur von ‚schnell weg' verbreitet, wie sie sich mit der schnellen Entscheidung für die Euthanasie zeigt. Sie ist manchmal der Versuch einer Abkürzung, bei der sich viele aber verlaufen. So manche Lernprozesse bleiben dabei auf der Strecke. Es darf wieder individueller nach den Wünschen und Bedürfnissen entschieden werden.

Mein Wunsch war, Dich an meiner Seite zu haben, respektiert zu werden und frei zu sein."

Kapitel 2 - *Erste Woche*
Die anderen – Tinka, Cindy, Lucy, Ernie und Smilla

KRANKHEIT, ALTER, UNFALL, MORD –
GESCHIEHT STERBEN SCHICKSALHAFT ODER ZUFÄLLIG?
IST DIE ART DES STERBENS TEIL DES SEELENPLANS?

Untrennbar gehören zu dieser Erzählung die anderen Katzen aus meinem und Berts Leben dazu. Die graue Tinka mit der roten Flamme auf der Stirn, Berts freiheitsliebende Schwester, die Glückskatze Cindy, die graugetigerte Lucy mit weißen Socken und einem Herz auf der Nase, Ernie mit seinem erdfarbenen gestreiften Pelz und die schwarze Schildpatt-Dame Smilla mit roten Strähnchen und einem weißen Bikini auf dem Bauch.

Sie haben ihren Anteil an allen Erfahrungen und Entscheidungen. Sie alle haben ihre eigenen Geschichten, von denen später einmal erzählt werden wird. Doch in welcher Weise sie miteinander verwoben sind, soll nun erklärt werden. Der Ort, der zu einem schicksalshaften Ausgangspunkt wurde, ist ein kleines Tierheim in Oberfranken. Es ist ein Ort, an dem für jedes einzelne Tier gekämpft wird, bis es ein möglichst gutes Ende gibt.

Wenn man aus dem Tierheim in Oberndorf eine Katze mit nach Hause nehmen darf, ist das, als ob man einen Orden verliehen bekommt. Prädikat „gut geeignet". Die Tierheimleitung hinterfragt sehr genau die Motivation für die Adoption und die Lebensumstände: Wer ist *wirklich* zuständig, wenn die Katze in eine WG zieht? Wer übernimmt die Versorgung im Urlaubsfall, wenn ein Single ein Haustier einziehen lassen möchte? Sind Hauptstraßen in der Nähe, wenn die Katze ein Freigänger sein soll? Die Angaben zur Wohnsituation werden über Google-Maps und direkt vor Ort überprüft.

Tinka

Diese Erfahrung hatte ich zehn Jahre zuvor bereits gemacht, als nach bestandener Überprüfung die bezaubernde Tinka für mich dort ausgewählt wurde. Ich war wegen eines roten Katers gekommen. Lange zuvor hatte ich die Vision, so einer wäre an meiner Seite. Doch er war rotweiß und hatte eine Behinderung. Ich war mir nicht sicher, ob ich mir die Versorgung zutraute, als ich ihn kennenlernte.

Bert: „All die Tiere, die wir Dich in Deinem Leben begleiten, sind wie eine Familie, eine Seelen-Familie. Unsere Aufgabe ist, uns gegenseitig zu unterstützen. Wir helfen uns zur Weiterentwicklung, bis wir alle wieder Licht sind und als Einheit erstrahlen. Jeder gemeinsame Schritt, jede Inkarnation ist ein Lichtstrahl davon. Versuche mal, Licht zu trennen.
Tinkas Aufgabe war, Dein Herz zu öffnen, und den Boden für alles Weitere zu bereiten. Sie ist eine sehr hochschwingende Seele – wusstest Du, dass der Name, den Du für sie gewählt hast, die „Reine" bedeutet? Sie brachte die erste Klärung in Deinem Leben, den ersten Aufstieg, eine Verbesserung."

So stand ich etwas verloren in dem Kennenlern-Zimmer des Tierheims. Die

Chefin sah mich prüfend an. Nach einem schweigsamen Moment runzelte sie die Stirn und sagte: „Ich habe eine für Sie!" Wenige Minuten später drückte sie mir eine junge Katze in die Arme. Fünf Monate alt. Eine graue Schönheit, überall funkelten rote Strähnen hervor, auf der Brust ein heller Fleck und eine Flamme auf der Stirn. Zwei Wochen später stieg sie in meinem Wohnzimmer aus der Katzen-Box, um in meinem Leben zu bleiben. Stolz, sehr eigen, schlau und flink. Ich liebte immer, ihre Nähe zu spüren.

Mit dem Diabetes, den sie mit fünf Jahren plötzlich hatte, hat sie mich viele Lektionen gelehrt, mein Leben und mich verändert und meinen Erfahrungshorizont explosionsartig erweitert - kritisch sein, mich Durchsetzen gegenüber Tierärzten, mich selbst informieren, Verantwortung übernehmen, mir selbst etwas zutrauen.

Ich war nie gut darin, meine Meinung zu vertreten, und traute mich deshalb auch nicht, einem Tierarzt zu widersprechen. Ich hatte es nicht gelernt und hatte vor allem die Überzeugung, keine Berechtigung dafür zu haben. Doch ich lernte, wie wertvoll und überlebenswichtig meine eigene Einschätzung und mein Wissen für Tinka wurden. Nicht alles, was die Tierärzte vorschlugen, war hilfreich. Eine Kollegin unserer Haustierärztin kam bei einer Untersuchung zu keinem klaren Befund und setzte an, Tinka eine Spritze zu geben. Auf meine Frage, was sie ihr geben will, meinte sie: „Ein Schmerzmittel, vielleicht hat sie Schmerzen." Das schien mir aber unlogisch und ich fürchtete, wenn sich Tinkas Zustand verschlechtern würde, könnte ich nicht mehr einschätzen, ob es eine Nebenwirkung ist. Oder es könnte andere Symptome verschleiern. In dem Moment, als ich aussprach, sie soll mir die Spritze nur mitgeben, spürte ich mein inneres Wachstum! Weil ich Tinka schützen wollte, habe ich Mut und Selbstbewusstsein entwickelt.

Neue Menschen sind durch diesen Diabetes in mein Leben gekommen, die bis heute gute Freunde geblieben sind. Auch wenn Tinka fünf Jahre lang chronisch krank war – zu dem Diabetes kamen noch ein Niereninfekt und eine schreckliche Zahnerkrankung –, so hatte ich doch mit einem sehr plötzlichen Lebensende nicht wirklich gerechnet. Die Diabetes-Erkrankung war ein tägliches Intensiv-Training in Lieben und Loslassen, Handeln und Machtlosigkeit. Auf dem einstündigen Weg von der Arbeit nach Hause krallten sich die immer selben Fragen in meinem Nacken: War die Insulin-Dosis am Morgen richtig? Habe ich ihr zu viel gegeben und hat sie einen lebensbedrohlichen Unterzucker? Habe ich ihr zu wenig Insulin gespritzt und ihr Stoffwechsel ist deswegen vielleicht dekompensiert? Liegt sie tot in der Wohnung? Diabetes bei Katzen ist ähnlich wie bei Menschen-Kindern manchmal schwer zu händeln. Kleinste Ereignisse, ein Infekt oder eine hormonelle Schwankung verändern den Insulinbedarf unvorhersehbar. Viele Faktoren spielen eine Rolle, die man nicht beeinflussen kann, und die Patienten können selbst nicht sagen, wie es ihnen geht. Fünf Jahre lang war ich davon überzeugt, dass ich emotional nicht überstehen würde, wenn diese Katze einmal stirbt. Unsere Verbindung war sehr stark, sie war mein Lebensmittelpunkt. Ich habe fest mit einer schlimmen Krise gerechnet für diesen Fall.

Es war dann ganz anders. Als Tinka eines Abends pinkeln wollte, aber nicht konnte, dachte ich, dass vielleicht ein Blasenstein das Problem ist. Am nächsten Morgen in der Tierarztpraxis stand nach dem Ultraschall fest, dass viel Tumorgewebe in ihrem Bauch die Harnröhre blockierte. Wir vereinbarten, dass ihr in einer Notoperation der Bauch geöffnet wird, um das Ausmaß des Tumors zu erkennen und beurteilen zu können, ob ihr Linderung verschafft werden kann. Doch während der Operation rief die Tierärztin mich an und sagte, dieses Gewebe, das dort gar nicht sein dürfte, wäre zu viel und über mehrere Organe verteilt. „Es wäre nicht fair, sie mit diesem Wissen aus der Narkose wieder aufwachen zu lassen."

Ohne mich damals damit auseinandergesetzt zu haben, hatte ich die vage Vorstellung, ein Tier sollte nicht eingeschläfert, „getötet", werden. Wie sollte dies ohne Zustimmung des Tieres möglich sein?

Dass ich noch hinfahren und bei ihr sein konnte, machte das alles nicht besser. Nicht „richtiger". Aber wollte ich etwa „unfair" sein? Ich hatte keine Vorstellung davon, was ein Aufwachen für Konsequenzen hätte. Schmerzen? Nicht mehr selbstständig

An diesem Morgen, als wir in die Tierarztpraxis fahren mussten, ist mir Tinka „entwischt", bevor ich sie in die Katzenbox sperren konnte. Sie saß lange im Garten und schaute auf den Teich, die Burg und die Umgebung. Es wirkte in diesem Moment seltsam. Im Nachhinein fragte ich mich, ob sie über den späteren Verlauf Bescheid wusste, und Abschied nahm.

Bert: „Tinka war sehr klar und bewusst in ihren Plänen. Für Tinka war die Euthanasie an diesem Tag eine Option, mit der sie einverstanden war. Der Zeitpunkt war aus ihrer Sicht perfekt, die Aufgaben, die sie erfüllen wollte, waren bereits abgeschlossen. Tinka war tief erfüllt von der Freude über die Veränderungen, die sie in Deinem Leben bewirken konnte. Denke nicht, Du hättest diese Entscheidung zur Euthanasie damals alleine getroffen – auch ihr beide hattet dazu eine Absprache auf Seelenebene."

pinkeln können? Viele übergriffige Eingriffe? Also stimmte ich zu, dass sie, noch bevor sie aufwachen kann, eine tödliche Spritze bekommt.
War es nicht irgendwie doch in Ordnung, wenn ein Tier in Narkose war, dann zu euthanasieren? Es fühlte sich falsch an. Aber kann sich in so einem Moment überhaupt irgendetwas richtig anfühlen? Alles ging so schnell. Als ich mit der leblosen Katze nach Hause kam, fühlte ich mich traurig und leer. Als ich ihren Körper am nächsten Tag im winterlichen Garten beerdigt habe, war ich froh, Dinge von ihr um mich herum zu haben - ihre Bettchen, die Bürste, die Spielmäuse. Auch ihr Insulin im Kühlschrank, die Spritzen und das Blutzuckergerät konnte ich wochenlang nicht wegräumen.

Eine große Krise blieb damals aus. Stattdessen empfand ich Dankbarkeit für die vielen Erfahrungen und die Bereicherungen, die Tinka in mein Leben gebracht hatte. Ich empfand Tinka als ein einzigartiges Geschenk für mein Leben und konnte mir nicht vorstellen, dass ich zu einem anderen Tier eine vergleichbare Bindung aufbauen könnte. Doch nun lagen all diese Katzen-Sachen überall herum. Und dieses viele Wissen, das ich im Umgang mit dem Diabetes nun hatte, konnte doch nicht umsonst in meinem Kopf sein. Es kam mir vor, als wäre es Tinkas Erbe, das ich nutzen sollte und überlegte, eine Zuckerschnute (so wurden die Diabetiker-Katzen im Forum genannt) aufzunehmen. Freunde konnten diese Gedankengänge nicht nachvollziehen und rieten mir davon ab. Schließlich war meine emotionale Belastung noch sehr präsent. So versuchte ich mir vorzustellen, wie unbeschwert es wäre, ein gesundes Tier an meiner Seite zu haben. Ich suchte nach einer Kartäuser-Katze. Doch als mir klar wurde, dass ich insgeheim meine graue Tinka zurück wollte, entschied ich mich bewusst für einen Neuanfang. Dann vielleicht eine bunte, dreifarbige. Man sagt, sie bringen

Glück und das wollte ich gerne als ständigen Begleiter haben. Auf der Internetseite einer Züchterin fand ich so eine - Britisch-Kurzhaar mit einem ziemlich platten Gesicht. Ein wenig verliebte ich mich in das Bild. Aber ich wollte das Züchten von Katzen gar nicht unterstützen.

Ich war mir sicher, Tinka wollte, dass ich einem heimatlosen Kätzchen ein Zuhause gebe. Schließlich hatte sie mein Herz dafür wie eine Tür geöffnet. Diese Tür ließ sich nicht wieder verschließen. So nahm ich ihren Auftrag sehr ernst und schrieb drei Wochen nach Tinkas Tod eine E-Mail an das Tierheim, in dem sie mir zehn Jahre zuvor anvertraut wurde. Ich fragte, ob sie zufällig ein Kätzchen übrighätten, oder vielleicht zwei. Es dauerte nur drei Stunden und in meinem Postfach fand sich ein Bild: ein kleiner rot-gestreifter Kater und ein genauso winziges Glückskätzchen. Sie sind Geschwister und wurden in einem kleinen Dorf krank und hilflos umherirrend auf der Straße gefunden.

Bert: "Du hast uns ein paar Mal im Tierheim besucht. Weißt Du, dass wir Dich damals bereits liebten? Dein Zugewandt sein, Deine Wärme – ich liebte es. Es hat sich in dieser Zeit ein Gleichklang unserer Seelen entwickelt. Unsere Erfahrungen dort waren eine Vorbereitung auf die Schwingungen Deiner Seele. Es war wie ein Stimmen eines Instruments – bevor das Lied beginnt."

Als die beiden im Tierheim ankamen, waren dort gerade „italienische Wochen". Eine Liste mit italienischen Namen für alle Neuankömmlinge hing im Quarantäne-Zimmer und so bekamen das bunte und das rote Kätzchen die Namen Carina und Rossini. Zwischenzeitlich aufgepäppelt und gesund, warteten sie darauf, gemeinsam in ein neues Zuhause geschickt zu werden.

In dem Zimmer, in dem mir zehn Jahre zuvor Tinka in die Arme gedrückt wurde, saß ich nun wieder, um die Geschwister kennen zu lernen. Dieser Raum muss früher die Wohnküche des alten, nun umgebauten Bauernhofes gewesen sein. Ich setzte mich an den gemütlichen Tisch und sofort gesellte sich ein schwarzer einäugiger Kater zu mir. Durch einen Spalt der Tür des hölzernen Schrankes blickten mich scheu zwei Katzenaugen an. Im Nebenzimmer jagten sich zwei Katzen über ein Bett im Bauernhaus-Stil und auf dem Schaukelstuhl entdeckte ich zwei weitere, die aneinander gekuschelt vor sich hindösten. Erst wenn man etwas zur Ruhe kam, wurde einem bewusst, wie viele Katzen anwesend waren. Das Kommen und Gehen von Besuchern, Tierpflegern und freiwilligen Helfern verursachte Unruhe, doch die Katzen ließen sich weder davon, noch von dem herumwuselnden Dackel beeindrucken.
Flink huschten zwei Katzen durch die Tür-Schleuse vor dem Eingang, als die Tierpflegerin aus der Quarantäne kam. Sie stellte eine große Transport-Box vor mir auf den Tisch. Darin saßen Carina und Rossini und prüften aufgeregt durch die Gitter, in was sie hier hineingeraten waren. Rossini kam sofort zum Türgitter und schnupperte an meiner Nase, die ganz dicht an die Box gerückt war. Ein erstes Leckerchen wanderte aus meiner Tasche; dieser Kater war ein wenig bestechlich. Carina drückte sich in die Ecke, ihr war hier gar nichts geheuer. Ich durfte die Türe vorsichtig öffnen und Rossini wagte sich langsam, aber zielstrebig hinaus. Ob es noch mehr von diesen Leckerlies gab? Die Tierpflegerin sagte, wie sehr sie sich wünscht, dass die beiden ein Zuhause bekommen. In der Quarantäne-Box haben sie nicht viel Bewegungsfreiheit, die sie zum Austoben ganz dringend brauchen. Hatte ich eine realistische

Möglichkeit, mich gegen die beiden zu entscheiden? Oder hatten sie es selbst bereits beschlossen? Woran merkt man, dass man die richtigen Katzen vor sich hat? Gibt es überhaupt falsche? Ich spürte nicht wie erhofft irgendwelche Funken, die in einem Feuerwerk übergesprungen waren. Es war viel mehr eine Gewissheit, dass der Weg nun einfach zusammen weitergeht. Irgendwo schien diese Entscheidung längst gefallen zu sein; so fühlte es sich an und es war damit sehr unspektakulär. Als ich den weiten Weg nach Hause fuhr, tat es mir leid, die zwei Kätzchen wieder in der engen Box zu wissen. Gleichzeitig legte sich kurz auch eine Schwere auf meine Schulter. Es war das Wissen, nun die Verantwortung für zwei kleine Persönlichkeiten übernommen zu haben.

Bevor sie zu mir umziehen konnten, sollten sie noch kastriert werden. Ich musste mich also weitere drei Wochen gedulden. Während dieser Zeit besuchte ich sie so oft es ging, um sie mit den neuen Leckerlies vertraut zu machen, die schon auf sie warteten. Und damit sie wissen, wer ich bin - aber das wussten sie vielleicht auch schon.

Ihre neuen Namen wurden damals in einem Arbeitskreis verhandelt. „Romeo und Julia", wirft die Kollegin ein, die eigentlich mit dem ersten Tagesordnungspunkt beginnen sollte. Weil es aber Geschwister sind, brachte eine andere „Hänsel und Gretel" in die Diskussion. Lustige Ideen kamen zum Vorschein und eine Kollegin meinte, dass früher oder später sowieso alle Katzennamen auf „i" enden würden. Pünktchen und Anton, Ratz und Rübe, Barbie und Ken. Wir schafften es eine Weile nicht, uns unserer eigentlichen Aufgabe zu widmen. Die Vorstellung, dass zwei Kätzchen wie ein Schlagersänger-Duo auftreten, zauberte mir ein Lächeln ins Gesicht. Und so wurden aus Carina und Rossini schließlich Cindy und Bert.

Bert: „In diesem Moment wurde der Pakt endgültig geschlossen. Einem Tier einen Namen zu schenken, ist eine energetische Verknüpfung. Wenn Du den Namen mit der Seele vereinst, ist das der Augenblick, in dem die bereits stattgefundene Manifestation sichtbar wird. Meist existiert der Name auch schon und Deine Gedanken müssen ihn nur noch finden. Es ist die Besiegelung eines Bündnisses."

Was ist mit den namenlosen Tieren? Gehen sie keine Seelenverträge ein?

„Häufig nicht, zumindest nicht mit den Menschen. Mit anderen Geschöpfen und Energien bedarf es keines Vertrages, keiner Absprachen. Die Wildtiere gehen allenfalls als Gruppen-Seele Verbindungen ein, mit allem anderen was ist, sind sie ohnehin verbunden. Die streunenden Tiere, oder die Tiere, die mit den Menschen leben, um ihnen zu dienen, haben nicht selten eine Sehnsucht nach dieser Verbindung – sie wünschen sich einen Namen. Sie wollen den Menschen dienen, ihnen nutzen und bei ihrer Entwicklung helfen. Die Menschen sollten sich dessen bewusstwerden und ihre Herzen dafür öffnen."

Cindy und Bert

Mit Cindy und Bert bekomme ich also vom Tierheim zwei weitere Orden verliehen und fahre sie herzklopfend nach Hause, behutsam, als könnten sie zerbrechen. Dort steigt zuerst Bert aus der großen Transportbox aus und erforscht sofort die neuen Räumlichkeiten. In seinem Gesichtchen kann ich erkennen, dass er ganz sicher weiß, nun zuhause zu sein. Alles gehört ihm bereits. In der Küche entdeckt er den - aus seiner Sicht vermutlich - riesigen Kratzbaum. Bisher konnten Cindy und er sich nur in einer Box der Quarantäne-Station bewegen. Begeistert erklimmt er die erste Stufe, dann das Bett auf der zweiten, will schon weiter. Doch er bremst kurz seinen Kletterdrang, sieht sich um, sucht Cindy, sein Mädchen. Als er sie unter dem Sofa zusammengekauert liegen sieht, geht er zu ihr, schmiegt sich ganz dicht an sie an. Er achtet immer auf seine Schwester, gibt ihr Orientierung. Bert ist schon zu seinem Einzug sehr präsent, zeigt sich mit großer Gelassenheit, Freundlichkeit, Neugierde. Cindy dagegen verkrümelt sich irgendwo. Erst nachdem ich den ganzen zweiten gemeinsamen Tag dem Hochbett erklärt habe, dass ich durchaus vertrauenswürdig wäre, und hier im Wohnzimmer viele Spielsachen warten, merke ich, dass sie in der Abstellkammer unter einem Regal kauert. Weil Bert bei Cindy sein will, und Cindy bei Bert, taut sie doch bald auf. Bert fühlt sich direkt wohl. Schon nach zwei Tagen beschließt er, neben diesem Menschen in der Nacht auch das eigene Schlaflager aufzuschlagen. Es ist dort wärmer und weicher als auf dem Küchenstuhl oder dem Wohnzimmerteppich. So liegen wir wie in einer Dose Heringe nebeneinander. Bert in der Mitte, ist ja klar. Ich versuche mir meine Verzückung nicht anmerken zu lassen, als Bert eine Pfote auf meinen Arm legt. Als ich mich umdrehe, und so unbeabsichtigt etwas Abstand zwischen uns entsteht, robbt der kleine Kerl hinterher und legt die Pfote auf meinen Rücken. Alle guten Energien aus dem Universum fließen in diesem Moment in diese winzige Berührung.

Dieses Leben ist so schon passabel: Sich durch die Wohnung jagen, Spielzeuge ausprobieren, die Eigenheiten des Menschen erkunden, sich regelmäßig die Bäuche mit leckeren Sachen füllen. Wenn da nur nicht der Frühling wäre. Und zwar auf der anderen Seite der Fensterscheiben. Cindy und Bert kleben gemeinsam vor dem Fenster. In ihren Muskeln zuckt der Ansatz eines ersten Sprungs ins Grüne, einem Schmetterling, einem Spatzen hinter. Noch etwas Geduld … und noch mehr Geduld: Endlich ist der sechswöchige Hausarrest überstanden. Die Haustür öffnet sich und die Pfoten dürfen das frische Gras im Vorgarten berühren. Durch die Katzennäschen strömt der Frühling mit tausend betörenden Gerüchen. Es gibt so viel zu entdecken! Berts Forschergeist kennt als einzige Grenze das eigene Gefühl für Sicherheit - solange er sich sicher fühlt, läuft er weiter und forscht. Bin ich dabei, traut er sich, noch weiter zu laufen und ist begeistert über neue Entdeckungen. Und wo Bert läuft, ist auch Cindy. In den wenigen Wochen ist sie ein mutiges Katzenkind geworden.

Bert: „Wusstest Du, dass diese Momente vorgesehen waren, diese gemeinsamen fröhlichen Erfahrungen, um Dein Innerstes zu heilen? Auch sie gehörten zum Plan."

Zunächst ist nur erlaubt rauszugehen, wenn ich dabei sein kann. Doch ich beobachte, dass sie sich selbst nur so weit vom Haus wegbewegen, wie sie sich in Sicherheit wissen. Ab und zu ein Blick zum Haus, oder zu mir, gelegentlich ein Geschwindigkeitstest, um sich zu vergewissern, schnellstmöglich wieder in den eigenen vier Wänden zu sein. Beide haben die Möglichkeiten, die ihnen die Katzenklappe bietet, schnell verstanden. Zuerst sind es nur kurze Ausflüge, dann stromert Cindy immer länger draußen herum. Ich sehe sie ab und zu, wenn ich nach Hause komme, schon am Fuße des Burgbergs auf einer schwer zugänglichen, verwilderten Hochebene. Wenn ich sie rufe, begleitet sie mich die letzten zweihundert Meter.

Wir unternehmen auch kleine Ausflüge zusammen. Es müssen sehr viele Katzen-Meilen bis zur Burg sein, neben der wir wohnen. Der Burggarten ist eine Oase - Wiesen, ein Garten mit mittelalterlichem Getreide und Kräutern, altes Gemäuer, eine Brücke, von der aus man einen guten Ausblick auf das ganze Städtchen und das Umland hat. Cindy und Bert flitzen durch den Kräutergarten, verstecken und suchen sich. Ich schwöre, dass sie dabei lauthals lachen - mental. Ein anderes Mal besuchen wir die Enten, die im Teich am Fuße der Burg wohnen. Den gigantisch großen Schwan, der sich aufplustert, ohne Bert dabei erkennbar zu beeindrucken. Meter für Meter wagen wir uns auch in den Wald am Ortsrand hinein - bis Cindy sagt, es reicht. Sie dreht um, geht ohne uns nach Hause. Berts Vertrauen geht weiter, bis zum dritten Zaunpflock der Schafs-Wiese am Rande des Waldes.

Nachdem sie sich drei Monate eingewöhnt haben, sollen mich Cindy und Bert in eine Klinik begleiten. Das ist sehr ungewöhnlich, aber die Klinik ist es auch, und die kleinen pelzigen Lebensbegleiter sind es umso mehr. Der Termin steht seit einem Jahr fest. Natürlich war es anders geplant. Ein Jahr zuvor war ich mit Tinka dort. Nicht etwa eine Tier-Klinik. Sie ist für Ganzheitsmedizin ausgerichtet und hat eine psychosomatische Abteilung. Und weil Katzen nicht so häufig eine stationäre Psychotherapie benötigen, ist sie mehr auf Menschen spezialisiert.

Diese Klinik bot als eine der ersten in ganz Deutschland in einem kleineren Nebengebäude die Möglichkeit für Patienten ihr Tier mitzunehmen. Gedacht war dies für Blinden- und Assistenzhunde. Wir bekamen ein Jahr zuvor die Sondergenehmigung wegen Tinkas Diabetes. Eine wochenlange Versorgung zu delegieren während meines Klinikaufenthalts wäre unmöglich gewesen. Es ging gut und war eine kostbare Zeit für mich – und es ist bis heute schwer zu beurteilen, ob die Therapie ohne Katzen-Begleitung auch nur annähernd so erfolgreich gewesen wäre.

Es ist frühsommerlich warm, als Cindy, Bert und ich in das winzige Klinik-Appartement einziehen. Wir sind Souterrain einquartiert worden und es ist etwas dunkel und kühl, aber die Holzmöbel geben sich allergrößte Mühe, Gemütlichkeit zu verbreiten. Während ich mich in den Therapiegesprächen drüben im Haupthaus der Klink selbst reflektiere, meditiere, Yoga und Chi Gong teste und mich durch Tonfiguren ausdrücke, schlafen die pelzigen Jung-Therapeuten. Wenn ich morgens und nachmittags das Fenster aufmache, erkunden sie vorsichtig das Grundstück – den Weg zurück immer im Blick. An den Abenden spazieren wir gemeinsam zuerst durch den Garten des kleinen Gebäudes, in dem wir wohnen. Bald gehen wir auch rüber zur großen Klinik, Cindy und Bert finden es dort viel interessanter. Eine kleine Brücke führt über einen Bach und auf einem der Bäume entdecken wir eine Waschbären-Familie.

Cindy und Bert sind die Stars der Klinik. Im Speisesaal erzählen mir andere Patienten, wo sie Bert an diesem Tag gesehen haben, dass Cindy wieder eine Maus verspeist hat und durch welches Fenster beide den Menschen bei den Therapien beobachtet haben. So wie sich die anderen Patienten über die tierischen Begegnungen mitfreuen, frage ich mich, warum es nicht in allen Kliniken erlaubt ist, dass Patienten ihre Tiere mitnehmen? Es fördert die Gespräche, zaubert Lächeln in Gesichter und schafft positive Erinnerungen und Gedanken.

Es ist verboten, aber wir machen es abends heimlich trotzdem: Bert und ich schleichen uns in die große Eingangshalle beim Haupteingang. Wie muss das hier auf ihn wirken? Hohe Säulen, eine Treppe zur oberen, halboffenen Etage, hunderte kleine Lampen wie Sterne, große beeindruckende Mandala-Gemälde in mehreren Sofa-Gruppen. Es scheint ihn wenig zu beeindrucken – vielleicht stimmt einfach nur die Atmosphäre? Oder er freut sich ebenso wie die freundliche Frau an der Rezeption über die allabendliche Begegnung.

Wir wagen uns auch in den Bergpark direkt neben der Klinik. Eine mittelalterliche kleine Burg spitzt über den Baumwipfeln hervor und wir hören ständig das Geschnatter von vielen Enten, zwei Schwanenfamilien residieren stolz an den Ufern des Sees vor dem Schloss.

Diese Klinik mit dem Bergpark ist ein besonderer Ort, mit einer heilsamen Energie. Das war er für mich schon viele Male. Ich durfte schon zahlreiche heilende Erfahrungen machen. Die Eindrücke haben mich geprägt, mich verändert, seit dem ersten Aufenthalt, als ich neunzehn Jahre alt war. Diese Klinik war schon immer anders – es ging hier wenig darum, dass ich „normaler" werden sollte, Verhalten ändere oder „richtiger" werde. Hier durfte ich *sein* und wurde mit wertvollem Wissen, Weisheiten und Erfahrungen gefüttert, genährt.

Schwierig war immer der Abschied, das Zurückgehen in die Normalität. Ich bin noch gar nicht richtig in der Klinik angekommen und schon leide ich unter dem bevorstehenden Abschied. Dabei sollte ich mich viel mehr auf das einlassen, was vor Ort passiert. So bin ich dort auch schon früh dem Konzept des *abschiedlichen Lebens* begegnet. Wir klammern uns oft an die Zukunft, an das, was sein wird, und erleben deshalb den Moment nicht. Wir versuchen, den Schmerz zu vermeiden, erleben dann aber auch das Glück im Jetzt nicht. Wir haften an vermeintlichen Sicherheiten, die nur in unseren Gedanken existieren. Wir erwarten, den Partner, die Kinder, das Haus, alles wie gewohnt am Abend eines langen Tages vorzufinden. Und tatsächlich wissen wir nicht, ob es so kommen wird. Wir kennen den Zeitpunkt des wahren Abschiedes und des Todes nicht. Wir wissen nichts. Und alles, was wir haben, ist der Augenblick. Auch zu jedem glücklichen Moment gehört unweigerlich ein Abschied. Seit mir dies ins Bewusstsein gerückt ist, versuche ich mich mit dem Abschied zu versöhnen, im Hier und Jetzt zu sein. Jeden Tag neu: abschiedlich leben.

Mit den beiden Fellnasen im Gepäck fällt der Abschied diesmal kein bisschen schwer. Ich vermisse zwar ein wenig die Gemeinschaft mit Gleichgesinnten, die heilsame Atmosphäre, aber Cindy und Bert vermissen nichts. Sie freuen sich über Natur dort und hier genauso. Wir besuchen abends nicht mehr die Rezeptionistin, sondern wieder unsere heimatliche Burg.

In dieser Routine ist ratzfatz auch schon der Herbst, und plötzlich auch der Winter da. Die beiden jagen den lustigen Schneeflocken hinterher, die dann frech auf ihren Nasen tanzen. Auf dem zugefrorenen Teich entdeckt Bert die Fische unter dem Eis. Er verfolgt sie aufgeregt mit den Blicken, den Pfoten, tappt auf das Eis, rechts, links, weiter rechts, springt und schlittert. Es ist lustig, ihm beim Jagen zuzusehen, weiß ich doch, es wird kein Fisch zu Schaden kommen. Mühelos und ohne Langeweile überstehen sie die kalten, kahlen Wintertage.

Cindy

Mehr noch als Bert, liebt Cindy die Freiheit, draußen zu sein. Sie hat sich schnell zu einem selbstbewussten Katzenmädchen entwickelt, das geheime Abenteuer außer Haus liebt. Manches Mal ist sie allein unterwegs, überlässt den schnarchenden Bert seinen Träumen. So einiges, was sie da draußen interessant findet, bringt sie mit nach Hause. Kleine Stöckchen, Blätter, Moos und Dinge, die ich mir lieber nicht genauer ansehe. Einmal hat sie als Beute ein schwarzes Halstuch mit goldenen Fäden dabei! Es gab diese Tücher in den 80er Jahren - ob Cindy gerade eine Zeitreise gemacht hat? Ich kann nicht herausfinden, woher das Tuch stammt. Die besonders hübschen Geschenke bewahre ich in einer blau-goldenen Sternen-Schachtel auf. Cindy wirkt immer sehr glücklich, wenn sie raus kann. Es ist gut, dass wir beiden anderen da sind, aber die Freiheit scheint für sie fast wichtiger zu sein. Ihr Lebensmittelpunkt ist draußen.

Cindys plötzlicher Tod ist ein Schock. Es ist Juli, als ein Nachbar klingelt. „Ihre Katze wurde gerade vor unserem Haus überfahren. Wir denken, dass sie schon nicht mehr lebt." Ungläubig, mit einem großen „Nein" in meinem Kopf, folge ich dem Nachbarn auf die Straße. Es ist eine schmale Anlieger-Straße. Etwa hundertfünfzig Meter weiter unten liegt Cindy. Ich sehe sie nicht sofort, stattdessen einen sehr hellen Schein über dem kleinen Katzen-Körper. Ein unbeschreibliches, intensives Licht, das sich auflöst, als ich näherkomme. Ich knie mich zu ihr hin. Ihr Blick ist leer, kein Herzschlag, kein Atmen. Sie ist tot.

Ich nehme sie in meine Arme und kann es nicht fassen. Die Nachbarin wirkt erschüttert und wütend. Der Autofahrer ist einfach weitergefahren. Ich trage Cindy in den Garten, neben dem Teich. Bert kommt und putzt sein Mädchen ein letztes Mal.

Sie wird noch an diesem Abend neben dem Teich, neben Tinkas Grab, beerdigt.

Wir sind zusammen traurig, Bert und ich. Das kleine bunte Pelzknäuel fehlt.

Als wir auf den Stufen vor dem Haus sitzen, sagt die Haushälterin der Vermieterin im Vorbeilaufen: „Der Kater ist traurig, er weint!"

„Ja ich weiß, ich weiß", möchte ich ihr in das vorwurfsvolle Gesicht schreien und weine auch.

Bert: "Durch mein Herz ging ein Riss in der Sekunde, als ihr Herz aufhörte zu schlagen. Ich liebte sie so sehr, unsere Seelen waren eins.

Doch es war in gewisser Weise nötig. Dies gehörte in unsere Erfahrungs-Bibliothek: Der Schmerz, diese Trennung, der Schrecken, die hilflose Wut.

Auch ich konnte den hellen Schein wahrnehmen, obwohl ich nicht in sichtbarer Nähe war. Cindy wurde gerufen und dann liebevoll begleitet. Die Seelenbegleiter, Engel, wie Du sie nennen magst, waren schon vor dem Unfall an ihrer Seite."

Lucy

Wenn man sich machtlos fühlt, muss man irgendetwas machen, richtig? Also treffe ich Entscheidungen. Die Entscheidung, dass das Leben weitergehen muss, dass Bert kein Einzelkater sein soll und die Entscheidung, ins Tierheim zu fahren. Zumindest, um mal zu gucken. Die im Tierheim meinen auch, Bert soll nicht allein bleiben. Und so komme ich zwei Wochen nach Cindys Unfall mit der kleinen Lucy von Oberndorf nach Hause. Sie ist grau-silbern getigert, doch die Beine bis über die Knie, Bauch, Hals und Kinn sind weiß. Der Pelz über der Nase ist bis zur Stirn weiß. Das Mädel hat noch nicht mal drei Vollmonde erlebt! Ob

Bert: „Das kleine Wesen irritierte mich zunächst. Sie stellte einfach alles auf den Kopf – die Gewohnheiten, die Gerüche, die Energien. Ich musste dafür erst Platz schaffen.

Unsere Seelen waren vertraut, es war ein Wiedersehen. Wir sind Seelen, die sich ergänzen. Keine Dual-Seelen. Eher Kontrahenten. In dieser Inkarnation war jedoch der kriegerische Aspekt aufgelöst und versöhnt. Eine Pause, um sich in Frieden an das gemeinsame Ziel zu erinnern. Darauf musste ich mich erst einstellen, bis ich sie willkommen heißen konnte. Sie ist ein geliebter Teil meiner Selbst. Bei Dir durften wir sein. So war es gut."

das gut geht? Die Autofahrt schon mal nicht so sehr - das kleine Wesen entleert sich aus beiden relevanten Körperöffnungen. (Das sollte ihre Spezialität für jede Autofahrt werden!) Zuhause angekommen, beruhigt sie sich aber schnell. Die Äuglein schielen ganz leicht. Das macht sie nur noch niedlicher. Sie ist einfach nur bezaubernd, so hübsch, so quirlig. Alle lieben sie sofort. Bert nicht. Trotz der zwei Punkte über ihrer Nase, die diese wie ein Herz aussehen lässt. Nicht, dass Bert dem kleinen Wicht irgendetwas täte! Nein, er ist ein sehr feiner Kerl, weiß sich zu benehmen. Er scheint nur ... zu seufzen. Unauffällig, in sich hinein.

Bert nimmt zur Kenntnis, dass sie eingezogen ist. Ich kann ihm die Zurückhaltung nicht verübeln. Er hat gerade seine Cindy verloren. Lucy blickt diesen großen roten Kater immer wieder staunend an. Sie sieht in ihm den Papa, den sie - bisher von Menschenhänden liebevoll umsorgt - vermisst hat. Sie heftet sich an ihn, wenn er schläft. Sitzt neben ihm, wenn er frisst. Sie bewundert alles, was er tut.

Nach zwei Wochen unterzeichnet Bert die Adoptionspapiere. Sein großes Herz ließ ihm keine andere Wahl. Geduldig lässt er sich umarmen, putzen und das Spielzeug stehlen. Es ist in Ordnung so. Cindy kann nicht ersetzt werden. Und das soll Lucy auch gar nicht. Bald schon haben wir wieder eine Routine, ein einigermaßen normales gemeinsames Leben.

Im Mai 2012 müssen wir uns ein neues Revier suchen. Lucy ist gerade mal ein Jahr alt, als wir umziehen. Eine großartige Spezialität der Katzen ist ja, dass sie die wichtigen Entscheidungen lenken. Ich selbst könnte genauso gut in einer Stadtwohnung leben, vielleicht mit zwei oder drei schwer kaputt zu kriegenden Pflanzen. Für die Katzen muss es aber die Möglichkeit geben, in Freiheit zu leben. Zu springen, beobachten, Blumen riechen, außerfamiliäre Freundschaften schließen. Möglichst mit Landluft in der Nase, um vielleicht auch mal eine Kuh kennenzulernen. Genau so eine Wohnung finden wir, mit einem richtig großen Garten. Ich bin Bert und Lucy wirklich dankbar, dass sie mich genau hierhergeführt haben. Es ist ein kleines Dorf. Es gibt keine Geschäfte und der Bus sammelt an den beiden Haltestellen nur zwei Mal täglich Schulkinder ein. Wir wohnen nun in einem kleinen warmgelben Mietshaus, ganz am Rande in einer Sackgasse. Eine Seite des Hauses dockt an ein kleines Einfamilienhaus an, die andere mit dem Hauseingang liegt gegenüber eines größeren Hauses, von dem wir nur die Rückseite sehen. Die dritte Hauswand grenzt an den Garten und hinter dem Haus ist ein verwildertes Grundstück mit alten Obstbäumen und viel Gebüsch. Wenn ich über das Ackerland und den dahinterliegenden Wald blicke, fühle ich eine Weite. Die Wohnung ist sehr hell und hat viele große Fenster, die bis zum Boden reichen. Erst als ich ankomme, merke ich, wie die Ruhe meiner Seele guttut, die Dunkelheit in der Nacht Geborgenheit gibt. Ich erkenne, dass ich so einen Ort lange vermisst habe. Man kann Lebensqualität also auch mieten.

Bert und Lucy entspannen genauso schnell. Nach einigen Tagen dürfen sie den Garten entdecken. Vier Wochen nach unserem Einzug kommt Lucy nicht zurück. Zwei Tage nicht. Drei Tage. Ich spreche Nachbarn in der ganzen Siedlung an. Verteile Zettel mit ihrem Foto. Fahre in die alte Stadt zurück und erkundige mich dort, ob die ehemaligen Nachbarn sie gesehen haben, obwohl dies zwölf Kilometer weg ist. Ich bitte zwei Tierkommunikatorinnen, sie zu finden.

Von der einen bekomme ich den Hinweis, nach einem roten Backsteingebäude mit einem Turm zu suchen. Ich kann keines finden.
Die andere gibt mir zu verstehen, dass Lucy vermutlich schon gestorben ist. Ich selbst habe keine Bilder dazu, wo sie sein könnte. Auch kein Gefühl. Irgendwann höre ich auf, nach ihr zu rufen, sie zu suchen. Unwahrscheinlich, dass sie nach mehreren Wochen überlebt haben kann. Sie ist nicht gewohnt, sich selbst zu versorgen. Sie schielt. Sie ist keine gute Jägerin. Ich kann nichts machen.

Bert: „In dieser Zeit fehlte der Halt. Es gab keinen Leuchtturm, der uns allen Orientierung gegeben hätte. Dass Lucy nicht zurückfinden konnte, lag nicht so sehr an der neuen Umgebung. Ihr Menschen müsst die Füße fest auf dem Boden haben, damit wir den Halt in euch finden. Einiges wurde besser in Deinem Leben, aber es war auch noch vieles durcheinander, wenig verankert. Wir spiegeln euch. Lucy konnte sich der Spiegelung nicht entziehen. Sie hatte keine andere Möglichkeit, als dies aufzuzeigen."

Ernie

Wohl etwas kopflos treffe ich wieder eine Entscheidung für Bert. Er soll nicht allein sein müssen. Ich weiß nicht, ob er einsam ist. Ich vermute es, befürchte es. Und nein, ich bin mir nicht sicher, das Richtige zu tun. Diesmal soll ein kleiner Kater einziehen. Ernie soll er heißen. Das würde bestimmt gut gehen. Ich denke, das Schicksal weiß es sowieso besser und wähle deshalb aus dem Wurf mit den wuseligen Kitten einfach irgendeines aus. Die Mutter ist braun getigert und alle ihre neun Kinder sehen exakt genauso aus. So etwas habe ich noch niemals gesehen. Ist es nicht völlig egal, welches mitkommt?

Bert: "Irrtum, nicht alles ist so, wie es aussieht. Ich war nicht fort, in diesen Tagen. Meine bestmögliche Unterstützung für Ernie, um in diesem Leben anzukommen, fand auf einer anderen Ebene statt. Wenn Du so willst: Ich war in einer anderen Dimension und leistete energetische Schwerst-Arbeit für meinen kleinen Seelen-Bruder. Ich bereitete Dir damit Sorgen, dies habe ich mit etwas Traurigkeit vernommen. Ich hätte es Dir gerne erklärt, aber Du konntest es nicht wahrnehmen. Nun ist die Zeit gereift, in der ihr diese Dinge verstehen könnt. Wir Tiere unterstützen euch in jeder Hinsicht von Herzen."

Dem kleinen Kerlchen ist es nicht egal. Er wirkt sehr verloren, als er auf dem Boden inmitten der Wohnung sitzt. Er kann nicht fassen, aus seiner Familie herausgerissen zu sein, und sich in einer Art riesigen katzenleeren Halle wiederzufinden. Da ist auch kein roter Kater. Der ist nämlich, nachdem er das Szenario begutachtet hat, hinterm Haus durchs Gebüsch verschwunden.

Ernie sucht sofort meine Nähe, klettert auf meinen Schoß und sucht mich nach Zitzen ab. Mir tut sehr leid, dass er so abrupt alles Vertraute verloren hat. Wenn er das Katerköpfchen etwas dreht und ich nicht mehr in seinem Blickfeld bin, maunzt er kläglich.

Er folgt mir durch die Wohnung, und erkundet diese neue Welt. Alles wird ausprobiert: die Wasserqualität in der Spüle, die kleinen Plüschmäuse und Bälle, die Räume hinter den Büchern in den Regalen. Die eigenen Kletterkünste werden getestet und stündlich gesteigert. Nichts darf verpasst werden und überall muss man dabei sein. Wenn er sich in den kleinen Obstkorb legt, sich einrollt und endlich für kurze Zeit schläft, überrollt mich eine Lawine der Verzweiflung. Ich hatte zwar nicht erwartet, dass Bert mir um den Hals fallen würde, wenn ich mit dem kleinen Ernie ankomme, doch ich habe nicht damit gerechnet, dass er verschwinden würde. Wo war Bert nun so lange? Es sind warme Juli-Tage, und Bert liebt es, die warmen Nächte draußen zu sein. Ich mache mir große Vorwürfe. Auf gar keinen Fall hatte ich Bert eintauschen wollen! Ich laufe durch den Garten, über die Äcker und die Obstwiesen hinter dem Haus, aber kann keine Spur von Bert entdecken. Mein Gefühl sagt mir beständig, dass er wieder kommt. Ich habe sogar immer wieder das Gefühl, als wäre er ganz in der Nähe und beobachtet die neue Situation aus sicherer Entfernung. Schließlich kann ich nicht zu hundert Prozent sagen, dass er ganz verschwunden ist. Er kann durch die Katzenklappe jederzeit rein und raus und ich bin mir nicht sicher, ob von dem Futter, das ich hinstelle, nur Ernie etwas gefressen hat. Der kleine Tiger hat einen beachtlich großen Appetit.

Bert brauchte elf Tage Bedenkzeit. Als er zurückkommt, hat er auch diese Adoptionspapiere unterzeichnet. Er benimmt sich, als wäre es nun ganz normal, dass ein kleiner Kater alles in Beschlag genommen hat. Ernie ist begeistert von Bert, er ist jetzt seine Familie und sein Vorbild. Ernie macht, was Bert zuvor gemacht hat. Die beiden balgen und kuscheln zusammen, wenn sie nicht gerade gemeinsam auf Jagd unterwegs sind. Später wird Ernie eine Allergie entwickeln, die uns beide in besonderer Weise verbindet. Die Suche nach Linderung und Heilung erweist sich als eine spannende Reise mit wertvollen Erkenntnissen und Veränderungen.

Ende September, es ist Sonntag, bin ich für einige Tage unterwegs und meine gelegentlich funktionierende Intuition rät mir, den Anrufbeantworter zuhause per Fernabfrage anzurufen. „Tierregister Tasso hier. Die Lucy wurde gefunden. Sie befindet sich in der Tierarztpraxis des Tierheimes Nürnberg. Bitte melden Sie sich dort umgehend!" Ja, das wollte ich auch gerne, nur war dort niemand erreichbar.

Wurde sie tot gefunden? Ist sie verletzt? Unvorstellbar, dass sie noch leben könnte.

Erst am Montagvormittag erfahre ich, dass sie

Bert: "Wir mussten uns neu zusammenfinden. Die Wege führten uns hier zusammen. Meine Aufgabe in dieser Zeit war, für Stabilität zu sorgen. Ich forderte Routine ein, war selbst die Routine. Es war ein guter Ort, an dem viele Ereignisse sich sortieren konnten. Es gab eine sanfte Dualität, mit wenig Extremen. Es war ruhig und schön. Unsere Seelen konnten sich ausbreiten und Wurzeln schlagen. Es gab genug Nahrung – für die Seele und die Sinne. Wir durften uns entfalten und einfach sein. Wunden konnten heilen. Dieses Leben tat so gut, es war eine Freude und ein Auftanken auf allen Ebenen. Es war eine Vorbereitung."

nach fast vier Monaten da draußen tatsächlich lebt. Sie wurde nur anderthalb Kilometer vom Haus entfernt von einem Bauern auf seinem Feld gefunden und mitgenommen. Sie war abgemagert, muss kürzlich einen Zusammenprall mit einem Auto gehabt haben, hatte Blut in der Lunge und einen gebrochenen Wirbel am unteren Rücken. Das war knapp! Der Rest bleibt bis heute ihr Geheimnis. Möglicherweise ist sie wirklich in einem roten Backsteingebäude untergekommen. Ich habe viel später ein solches gefunden, das zu der Beschreibung der Tierkommunikatorin passen könnte.

In den folgenden Wochen macht sie nichts anderes als fressen und schlafen. Sie erholt sich vollständig von dem unfreiwilligen Abenteuer. Es bleibt eine Ängstlichkeit in ihr und eine Art Kontroll-Tick. Sie läuft immer die gleichen die Wege in und um die Wohnung herum ab. Ihre Neugierde bleibt – vorausgesetzt das Haus ist noch in Sichtweite.

Smilla

Smilla zieht ziemlich genau zwei Jahre nach Ernie ein. Ohne Drama. Es ist einfach genug Platz, vom Futter ist ständig etwas übrig und weil sowieso immer alle unterwegs sind, kann ruhig noch ein Kätzchen einziehen. Als ich mich im Tierheim nur mal umsehen will, wird mir ein schwarz-buntes Pelzknäuel gebracht, das sich sofort an mich schmiegt. Ich verstehe die Botschaft natürlich. Dieses Mädchen gehört zu uns. Das scheint auch die Tierpflegerin so zu sehen. Eigentlich war dieses Katzenkind schon einer Familie versprochen, doch sie meint, ich soll ihr morgen sagen, ob ich die Kleine haben will. Eine Nacht darüber schlafen, so empfiehlt es das Tierheim immer. Drei Tage später fahre ich los, um Smilla nach Hause zu holen. Auf der einstündigen Fahrt überlege ich, wie ich das kleine Kätzchen vor den anderen beschützen könnte, wenn sie der plötzliche Einzug vielleicht doch überfordert. Wie wird Bert diesmal reagieren? Würde Bert die Kleine angreifen? Die Tierheim-Leiterin gab dies wegen des Altersunterschieds zu bedenken. Ich stelle die Katzen-Box in die Mitte der Wohnung und öffne die Tür. Smilla läuft nur wenige Schritte und setzt sich. Neugierig nähern sich abwechselnd die anderen und werden sofort angefaucht. Ganz langsam - in zwei Stunden erweitert sich ihr Radius um fünf Meter - erkundet sie die Umgebung. Jeder, der ihr dabei über den Weg läuft, wird wieder angefaucht und mit erhobener Pfote bedroht. So einen Umgangston ist hier keiner gewohnt und sie ergreifen die Flucht nach draußen für ein kurzes Timeout. So geht Kennenlernen nicht, Smilla! Ich ändere die Strategie von „Ich-beschütze-das-Katzenbaby" in: „Ich verteidige alle anderen vor dem schwarzen Ungeheuer!" Ich komme mir ein wenig gemein vor, aber denke, wenn sie das Fauchen weglassen würde,

Bert: „Da war eine energetische Lücke in Deinem Leben. Es fehlte die richtige Ausrichtung. Oder sagen wir: Die Ausrichtung musste stärker manifestiert werden. Du hattest immer den Wunsch, ein glückliches Leben zu führen. Aber die Idee war sehr abstrakt und brüchig. Durch Smilla, die in ihrer Seele sehr licht und stark ist, konnte sich der Gedanke formieren. Du durftest beginnen, Dich als glückliches Wesen zu erkennen. Auch Smilla hatte keinen leichten Start in dieses Leben, und doch verkörpert sie Freude, Stärke und Heil-Sein. Sie will Dich stets daran erinnern und damit eine Präsenz in Deinem Leben entfalten."

könnte es mit dem Annähern besser funktionieren. Ich quittiere nun jedes Fauchen mit einem Spritzer aus der Wasserpistole. Tatsächlich hört sie schnell damit auf, alle freundlichen Begrüßungs-Bemühungen mit einem kätzischen Zurückbrüllen zu beantworten! Jedes erneute vorsichtige Beschnuppern der anderen ist ein kleines bisschen entspannter und schon am Abend verhalten sich Lucy, Ernie und Bert wie gewohnt, genießen ihr Abendessen und gucken interessiert, was die Neue alles anstellt. Sie hat innerhalb weniger Stunden klargestellt, dass sie am richtigen Platz ist und dazugehört. Wir sind auserwählt von einem sehr klugen, fröhlichen Mädchen, das ziemlich viel Unfug in seinem Katzenköpfchen hat.

Nun ist es perfekt. Ein perfektes Quartett – Bert mit Lucy, Ernie und Smilla. Sie gehen sehr freundlich miteinander um, so, wie Bert es jedem von Anfang an beigebracht hat. Es ist ein schönes gemeinsames Leben.
So soll es bitte für immer bleiben.

Zurück zu Bert und ins kaum erträgliche „Jetzt"

Es bleibt nicht so. Und die Katzen wissen Bescheid. Sie stellen sich auf Berts Gehen ein, noch bevor ich irgendetwas wirklich begreife. Mir fiel im März schon auf, zwei Monate vor der Diagnose, dass Bert häufig beschnüffelt wird. Mir ist klar, dass sie einen anderen Geruch bemerken, der vielleicht von einer Stoffwechselveränderung oder Krankheit kommen könnte. Mir ist nicht entgangen, dass sie die Karten neu gemischt haben und sich jetzt Ernie an oberster Stelle der Futterhierarchie sieht. Aber ich wollte nicht daraus schließen, dass er gleich todkrank sein sollte. Ich brauchte erst das Hoffen, das Verdrängen und letztlich die Befunde, die Beweise des Tierarztbesuchs.

Bert wird sterben. Ich kann nichts dagegen tun. Die Tierärztin sagt, der Tumor ist zu groß, man kann nicht mehr operieren.

Es hat etwas Tröstendes, nach dem Termin beim Tierarzt zuhause alles unverändert vorzufinden. Die Welt bricht in Stücke, aber hier ist noch alles an seinem Platz. Ernie gibt sofort eine Bestellung nach frischen Leckerlies auf, Lucy schläft nach einem kurzen Blinzeln einfach weiter und Smilla folgt Bert in den Garten. Alles normal. Ich setze Kaffee auf und schreibe Haferdrink auf die Einkaufsliste. Können wir mit dem Sterben nicht einfach später an der Reihe sein?

Mit dem Kaffee gehe ich in den Garten. Ich kann Bert nicht entdecken. Wie auch, es gibt unendlich viele Rückzugsorte hier. Ich vermute, er ist in seiner Oase, am Ende des Niemandslandes. Er darf dort ungestört sein, wenn er es so will.

Im Kalender steht, dass ich den Rasen mähen sollte. Aber das ergibt für mich keinen Sinn. Ich muss diese kostbare Zeit mit Bert verbringen. Ihn halten, ihm in sein pelziges Ohr flüstern, wie sehr er geliebt wird. Ich werde das bald nicht mehr tun können. Den Rasenmäher über das Grundstück zu schieben erfordert keine strukturierten Gedankengänge. Es ist nur laut und übertönt meine Gedanken. Bert ist gerade sowieso nicht da und so kann ich etwas tun. Bahn für Bahn sehe ich ein Ergebnis von dem, was ich mache. Etwas erledigen, während Zeit jetzt schon erbarmungslos und ungefragt verrinnt. Auch wenn der Lärm des Rasenmähers meine Gedanken überschallt, sind dennoch manche lauter als er. Wird Bert in dieser Woche sterben? Langsam bekommt der Rasen wieder eine sichtbar ordentliche Struktur. Die Löwenzahnblüten werden dafür geopfert. Wird Bert einfach tot umfallen? Der viele Löwenzahn rund um den Teich müsste auch mal weg. Ich ziehe ein Büschel heraus, die Wurzeln sind fingerdick. Ob man die essen kann? Was darf Bert nun eigentlich essen, muss ich etwas beachten, kann ich ihm unbeabsichtigt schaden? Die Rasenfläche ist groß und die vielen Nischen in der Sitzecke sind wirklich schwer zu erreichen. Der Rasenmäher verhält sich störrisch. Ich zerre ihn trotzdem über den kleinen Hang. Hat Bert eigentlich Schmerzen? Die Tierärztin hatte nichts darüber gesagt. Mit dem Rasenmäher kann ich alles zerkleinern, was mich stört, was weg soll. Nur den Löwenzahn zwischen den Steinen muss ich händisch rupfen. Welche Folgen wird der Tumor als nächstes für Berts Körper haben? Es sind viele Hundert Löwenzahnpflanzen auf der Wiese, stellenweise gibt es gar kein Gras. Neben der Terrasse stören sie mich am meisten, dort müssen sie sofort weg. Ich habe keine Chance. Bert hat keine Chance.

Wird Bert bald unerträglich leiden? Dieses Büschel Unkraut dicht am Apfelbaum wollte ich schon lange rausreißen. Es nimmt dem jungen Bäumchen jedes Wasser weg. Ich ziehe daran, bis mein Rücken schmerzt. Ich fasse die Pflanze weiter unten und der steinige Boden reißt die Haut an meinen Fingern auf. Wenn Bert unerträglich leidet, soll er trotzdem zuhause sterben dürfen. Würde die Tierärztin den weiten Weg hierherkommen, um ihn dann zu erlösen? Diese dämliche Pflanze wird doch nicht mehr Kraft haben als ich! Ich ziehe weiter daran. Hier zuhause will ich bestimmen, was sein soll und was nicht. Etwa, dass die viel zu langen Äste der Forsythie begrenzt werden müssen. Nur diese Katzen lassen sich nicht beherrschen. Die beschließen einfach so, dass sie sterben werden.

Die Fragen nehmen überhand. Der Rasenmäher darf sich endlich wieder in der Garage verkriechen. Ich bitte in der Tierarztpraxis um einen Rückruf und versuche, ein paar Arbeitstermine dieser Woche abzusagen. In den nächsten Tagen darf ich das Bert-Loslassen schon üben. Ich kann nicht alle Termine absagen. Morgen werde ich zwölf Stunden unterwegs sein. Wie soll ich diese Zeit aushalten? Und auch noch immer lächeln dabei?

Am Abend klingelt das Telefon, es ist halb neun. Zu meiner wichtigsten Frage erklärt mir die Tierärztin, dass ein herkömmliches Schmerzmittel eine Magenentzündung und Übelkeit verursachen würde und das Cortison im Moment die beste Schmerztherapie sei. Die Wirkung würde nach etwa zwei Wochen nachlassen. Wenn ich dies bemerke, soll ich mit ihm vorbeikommen. Man könne nicht sagen, wie viel Zeit er noch hat. Als ich auflege, realisiere ich, dass wir noch zwei Wochen haben könnten. Vielleicht auch mehr.
Es wird dunkel. Bert ist noch immer draußen. Die anderen bekommen ihr Abendessen und ich höre endlich auf, sinnlos Dinge aufzuräumen oder in der Küche noch schnell irgendwas zu putzen. Im Wohnzimmer lasse ich die Abendsonne herein. Das ist ein komischer Zufall, dass die CD mit den Mantras („Möge Heilung geschehen" von Rabbi Hirschfield) griffbereit auf der Stereoanlage liegt, nachdem ich monatelang nur noch Musik vom PC abgespielt hatte. Die vertrauten Melodien geben einen gleichmäßigen Rhythmus vor, sind wie eine haltende Umarmung für mich. Für heute komme ich zur Ruhe.
Ich will mit niemandem sprechen. Die kommenden Entscheidungen muss ich selbst treffen und ich ahne schon, dass mein Umfeld sie nicht verstehen wird. Diskussionen dazu wären überflüssig. Und ich lasse den Computer aus. Google würde mir nur tausend widersprüchliche Informationen ausspucken. Ich versuche, meinem eigenen Gefühl zu folgen, mich nicht beirren zu lassen. Was fühle ich überhaupt? Vieles ist durcheinander, nur eines ist sehr deutlich: die Liebe zu Bert. Das ist das klarste, wichtigste Gefühl. Ich versuche, mich darauf zu konzentrieren. Die Liebe soll mich lotsen durch unsere letzte ge-

meinsame Zeit. Es ist definitiv keine Option, Bert an seinem Lebensende einzusperren, sagt die Liebe. Sie sagt auch, dass es schwer werden wird auszuhalten, wenn er vielleicht eine ganze Nacht, einen ganzen Tag draußen bleibt. Die Liebe sagt, dass es richtig so ist, wenn er selbst entscheidet, wo er sein möchte. Er soll sein Leben genießen, so lange wie möglich. Habe ich das nicht ohnehin geübt: abschiedlich leben? Mir ist klar, dass die Katzen als Freigänger Gefahren ausgesetzt sind, die sie als Wohnungskatzen nicht hätten. Die zwei Katzenklappen waren eine Entscheidung, deren Konsequenzen mir immer bewusst waren. Sie könnten verletzt, überfahren, gestohlen werden. Das Risiko gehört zum Leben. Doch jetzt hat das Risiko eine Gestalt angenommen, ist spürbar. Ich habe versucht, mit dem Tod der Katzen im Bewusstsein zu leben. Doch nun hat er sich manifestiert, von einem abstrakten Gedanken zu einem faustgroßen Tumor. Dieser Gedanke an den Tod sitzt direkt in meinem Nacken, ich kann seinen Atem spüren. Würde ich Bert einsperren, so wird er trotzdem bald sterben. Es würde nichts ändern. Mir wäre leichter, wenn ich immer wüsste, wo er gerade ist, aber er wäre im Stress und in Trauer um seine Welt da draußen. Er soll es selbst entscheiden, wo er sein will. So, wie er es jeden Tag getan hat. Ich habe einen sterbenden Kater. Sperre ich ihn ein, habe ich ganz gewiss einen unglücklich sterbenden Kater. Ihm soll es gut gehen an seinem Lebensende, nicht mir. Und dafür ist irgendwie wichtig, dass ich selbst zur Ruhe komme. Bert konnte es die ganze Zeit mit diesem blöden Tumor in seinem Bauch: vertrauen.

Vielleicht stimmt es, wie ich es einmal gelesen hatte, und das Sterben ist genauso individuell wie die Geburt. Die Art des Sterbens gehört zum Lebensplan. Die Seele entscheidet sich, wie sie sterben will. Es ist ihre Lernaufgabe. Ich wünsche Bert, dass er seinen Weg bis zuletzt ganz selbstbestimmt gehen kann. Ich werde da sein. Bis dahin wird jede Maßnahme nur noch auf Lebensqualität überprüft. Wir machen nur noch, was guttut.

Ich bestelle eine Kerze im Internet. Eine in den Farben der Chakren, die viele Stunden brennt. Ein Licht wird gut für uns beide sein. Uns in den verbleibenden Stunden begleiten. Wie lange hatte ich keine Kerze mehr an? Obwohl ich um die wärmende Atmosphäre weiß, die die kleine Flamme in der Dunkelheit entfachen kann. Jetzt ist die Zeit dafür, ein Licht zuzulassen.

Bert: „Die Energien konzentrieren sich im Sterbeprozess. Die Essenz entfaltet sich. Es ist eine wertvolle Zeit. Der Sterbeprozess ist wie ein Spiegel – er zeigt die wichtigsten oder die letzten Aufgaben aus der Inkarnation. Das Sterben ist ein Katalysator für Heilungsprozesse, auch wenn es für eure Ohren widersprüchlich klingt.

Die Todesart steht nicht immer zu Beginn des Lebens fest. Sie formiert sich durch die Entwicklungsaufgaben der Seelen, durch die Umstände und die Energien von Raum und Zeit. Der Plan ist veränderbar, flexibel, passt sich an, damit alles zu jeder Zeit zum höchsten und besten Wohl geschehen kann.

Das Sterben ist Vollendung. Ihr Menschen schreibt eine Abschlussarbeit, eine Doktor-Arbeit, wenn ihr eine Ausbildung abschließt. Darin steht alles, was ihr gelernt habt, was wichtig ist, und was für die Zukunft noch wichtig sein könnte. Das Sterben ist der Meisterbrief.

Die Euthanasie, wenn sie nicht zum Lebensplan gehört, beschneidet die Möglichkeiten der Entwicklung, die gerade zum Lebensende möglich sind. Der Sterbeprozess ist eine Geburt in die andere Welt. Die Euthanasie ist wie ein ‚geplanter' Kaiserschnitt – die Seele wird der Möglichkeit beraubt, den optimalen Zeitpunkt frei zu wählen."

Kapitel 3 - *Zweite Woche*
Abschied, Wiedersehen und wieder von vorne

TREFFEN TIERE VORBEREITUNGEN, WENN SIE STERBEN?
AUF WAS FOKUSSIEREN SIE SICH ZUM LEBENSENDE?
WAS WÜNSCHEN SICH TIERE FÜR DIE LETZTEN TAGE?

Seine Pfötchen haben immer gestunken. Ich weiß gar nicht, wann es mir zum ersten Mal aufgefallen ist. Ein unangenehmer Geruch. Ich habe oft vorsichtig geguckt, ob er eine Verletzung, einen eitrigen Abszess zwischen den Zehen hat oder irgendetwas aus dem Garten sich festgetreten hat. Nein, sie haben einfach nur schlecht gerochen. Wie oft darf ich diesen Geruch noch in der Nase haben, seine Pfoten dicht an meinem Kopf liegend? Die Male sind bereits gezählt - das Universum weiß, wie viele es sind. Will ich es wissen? Weiß Bert es? Er macht es sich nicht mehr auf meinem Bauch bequem, wenn ich auf dem Sofa liege. Es scheint ihm mit diesem großen Tumor in seinem Bauch unangenehm zu sein oder bereitet ihm vielleicht sogar Schmerzen. Ihm ist lieber, neben mir zu liegen. Es ist gut. Hauptsache, wir sind zusammen. Hauptsache, er ist da. Eigentlich haben wir es doch gut: Wir können uns verabschieden. Bert ist nicht plötzlich weg. Ich kann ihm noch ein paar Mal sagen, wie groß und großartig er ist.

Wie lebt man mit einem sterbenden Tier? Was ist wirklich wichtig? Was ist wertvoll, was war es bisher? Wann sage ich ihm zum letzten Mal „Guten Morgen"? Ich habe kein Gefühl dafür und

bin orientierungslos. Wie wird das Sterben werden? Was kann ich für Bert tun?
Ich kann ein grandioses Buffet aufbauen - davon sind zumindest die Mitbewohner begeistert. Weil die Tierärztin sagt, dass der Tumor viel Energie frisst, braucht Bert also mehr Energie, als dieser Tumor verschlingen kann. Ich finde heraus, dass es hochkalorische Pasten gibt und bestelle sie online in allen verfügbaren Geschmacksrichtungen. Es wird drei endlos lange Tage dauern, bis der Postbote dieses Paket bringen wird. Wenn ich selbst deswegen in die Zoohandlung fahre, vergeude ich Zeit, die ich mit Bert gemeinsam verbringen kann.

Ich verliere mich in Gedanken rund um Bert und sein Leben hier bei mir. Bert ist zweifellos der Chef - in allen Angelegenheiten. Er hat unser Zuhause immer vor Eindringlingen verteidigt, was ihm selbst einige Blessuren eingebracht hat. Ein Abszess vor zwei Jahren hatte gigantische Ausmaße: ein riesiger Krater mit drei Löchern auf der Brust. Bert war unglaublich geduldig, als ich die Wunde mehrmals täglich mit kolloidalem Silber gespült habe. Er lag dabei einfach wie ein Baby in

Bert: „Ich habe diesen Aufruhr in Dir erwartet, und doch war es schmerzlich, Dich so zu erleben. Habe ich Dir nicht gezeigt, wie Vertrauen geht? Mein Leben lang habe ich Dir vertraut, vom ersten Augenblick an. Aber es gab nun nichts, was diesen Prozess, wieder in das Vertrauen zu kommen, beschleunigen konnte. Das war mein Wunsch: Dass Du da bist, vertrauen kannst, so wie ich Dir vertraue. Nicht, dass Du irgendetwas tust. Ich hatte keine Wünsche, denn mein Leben war ein bereits erfüllter Wunsch. Alles, was wir brauchten, war vorhanden. Dies galt es, zu erkennen und wieder zur Ruhe und zur Mitte zu kommen.“

meinem Arm und hat mich machen lassen. So viel Vertrauen! Ist es möglich, mich nun von diesem Vertrauen leiten zu lassen?

Einige Male habe ich ihn schon mit dem rothaarigen Perser aus der Nachbarschaft gesehen. Ich nenne ihn Langhaar-Bert. Eines nachts, es war wirklich spät, fahre ich auf der Hauptstraße auf unser Dorf zu. Kurz nach dem Ortsschild stehen sich starr zwei Kater gegenüber. Bert und Langhaar-Bert. Keiner weicht einen Millimeter. Die Blicke töten nicht, selbst wenn beide es sich wünschten. Nicht mal, als ich mich mit dem Auto nähere und ganz dicht an die beiden heranfahre, rühren sie sich vom Fleck. Als wäre mein Auto vollkommen unsichtbar. In ihrem Kampf verschwindet die ganze Welt um sie herum. Ich steige aus und schimpfe. Unbeeindruckt - beide. Erst als ich Bert kurz hochhebe und in die andere Richtung drehe, löst sich der Bann ihrer Blicke und sie gehen wieder getrennte Wege. Unentschieden. Ich hoffe insgeheim, Bert ist meine Intervention nicht peinlich gewesen.

Bert: „Für Deinen Maßstab war mein Leben kurz – für mich war es in jeder Minute perfekt ausgefüllt und in seiner Fülle gelebt. So war es gut, als die Sonne unterging, den Kreis enger zu ziehen. Meine Familie – das wart Ihr – und mein Revier waren noch wichtig. Ich wurde zum Beobachter, ich konnte teilhaben. Und mehr und mehr ging ich in den Rückzug, um mich vorzubereiten. Die Energien ziehen sich zusammen, die Essenz kommt zum Vorschein. Ich brauchte dafür keine Unterstützung, keine Veränderung."

Als ich nun daran denke, hoffe ich, dieser Gegner lässt ihn in Ruhe. Er wird spüren, dass er nicht mehr kämpfen muss. Ich habe ihn schon seit einer Weile nicht mehr gesehen. Und Bert hatte schon länger keine Kampfesspuren mehr an den roten Ohren oder auf der Nase.

Ich wusste immer, wie stark Bert ist. Es war mir nie schwergefallen, ihn ziehen zu lassen, um seine Kater-Angelegenheiten zu regeln. Doch nun ist mein Impuls, ihn an mich dran zu binden. Ihn immer zu spüren. Jeden Atemzug zu verfolgen. Sofort erkennen können, wenn er etwas braucht. Ich weiß, es ist nur meine eigene Bedürftigkeit. Bert soll es jetzt schön haben. Aber was bedeutet das? Hatte er es bisher nicht schön? Bert sortiert die Prioritäten selbst um. Die Kämpfe draußen mit den Nachbarskatern sind nicht mehr wichtig.

Oft beobachtet er kleine Käfer, wie sie ihren langen Weg vom einen zum anderen Grünstreifen im Hof meistern. Wenn ich ihn auf dem Arm nehme, um mit einer Hand die Zecken zu entfernen, geht ein schnurrendes Vibrieren durch seinen Körper. Abgesehen von den Kämpfen mit den Nachbarskatzen ist er geduldig und friedfertig. Eine gewisse Ambivalenz meine ich in Bezug auf Mäuse zu beobachten.

Es war im vergangenen Sommer, als Bert eines morgens an einem ungewohnten Platz vor dem Sofa kauerte. Mir war sofort klar, dass eine eingeschleppte Maus darunter geflüchtet sein muss und die Länge von Berts Beinen offensichtlich nicht ausreichte, um sie in ihrem Versteck zu erwischen. Also wartete er. Ich war in Eile, konnte nicht viel unternehmen, und bot der Maus als Rettungsmöglichkeit die Lebendfalle mit frisch gerösteten Nüssen an. Dann überließ ich die beiden ihrem Schicksal, wissend, dass die Karten ungerecht verteilt waren. Einige Stunden später fand ich Bert immer noch vor dem Sofa liegend vor. Er muss eingeschlafen sein. Keine zehn Meter Luftlinie entfernt in der Küche saß nun Lucy vor dem Kühlschrank – ähnlich lauernd wie Bert am Morgen. Sie wartete wohl, dass die Maus unter dem Kühlschrank hervorkam. Da Lucy gerne rechts und links, vorne und hinten verwechselt, ahnte ich, dass die Maus nicht unter dem Kühlschrank saß und suchte auf der gegenüberliegenden Seite der Küche. Ich wurde fündig: Auf dem Leckerli-Tablett der Katzen saß entspannt schmatzend die Maus. Es gelang mir, sie - auf dem Tablett - nach draußen zu tragen, natürlich nicht ohne sie vorher noch zu fotografieren. Wenig später am Tag saß Lucy im Hof, vor ihr die neugierig an ihr schnuppernde Maus. Noch später am Abend höre ich verdächtige Geräusche in der Küche - es schmatzte unter dem Kühlschrank. Die Maus war wieder eingezogen. Außer mir nahm allerdings niemand Notiz von ihr. Ich konnte sie unter dem Kühlschrank nicht erreichen, dort schien sie sich sehr wohlzufühlen. Wir lebten also in friedlicher Koexistenz in einer ungewöhnlichen WG. Dennoch war das Ende tragisch: Nach vierzehn Tagen fand ich morgens die im Wassernapf der Katzen ertrunkene Maus.

Bert: „Es ist gut und heilsam, Dich zu erinnern. Wir haben uns gegenseitig beschenkt mit Erfahrungen aus dem gemeinsamen Leben. Erinnerungen erwärmen das Herz und machen die Gedanken hell, wenn es Winter ist. Es ist kein Festhalten, solange es Dich lächeln lässt und Du die Schönheit der gegenwärtigen Welt noch sehen und fühlen kannst. Die Erinnerungen sind eine Brücke.“

Bald wird es keine neuen Bert-Geschichten mehr geben. Ich muss es hinnehmen. Die Situation akzeptieren. Diese Therapeuten in der Klinik hatten es mir als Neunzehnjährige schon versucht, zu erklären - damals mit wunderbaren Parabeln, wie die von der Steinpalme aus „Die Farben der Wirklichkeit“ des Lucy Körner Verlags. Mitten in einer Wüste wächst eine junge Palme und ein Mann legt ihr aus einer Wut heraus einen schweren Stein in die Mitte der Krone. Die Palme kämpft im Wachstum verzweifelt dagegen an, will ihn abschütteln. Es gelingt ihr nicht und sie droht einzugehen. Als sie den Stein schließlich akzeptiert, ihn umschließt, setzt sie alle Kraft und Entschlossenheit in ihre Wurzeln. Die Wurzeln werden so kräftig, dass sie auf eine Wasserader treffen, die eine Quelle hervorbringt. Die Quelle verwandelt diesen Platz in eine grüne Oase.

Mein Kopf hatte es schnell begriffen. Innerer Widerstand gegen unveränderbare Begebenheiten erzeugt Leid. Akzeptanz setzt wieder Energie frei.

Ich erinnere mich sehr gut an den Moment, als ich die Bedeutung der Akzeptanz auf einer tieferen Ebene verstand. Nach einem langen Arbeitstag erschöpft, radelte ich die letzten Meter die Straße hinauf zu dem Haus, in dem ich mit Tinka damals wohnte. Die November-Kälte war bis in die Knochen in mich hineingekrochen und der Regen hatte die unterste Kleidungsschicht erreicht. Steil bergauf, nur ein kurzes Stück, doch es fühlte sich endlos an. In mir stieg Ärger hoch, der zur Wut wurde. Wut gegen das Wetter, diesen Tag, die viele Arbeit, die Ungerechtigkeit, alles allein meistern zu müssen. Mich überkam die Gewissheit, dass die Welt sich gegen mich verschworen haben

Bert: „Das Wissen war schon in Dir, aber Du hattest oft wenig Vertrauen darin. Ich habe mein Möglichstes getan, um es Dir ins Bewusstsein zu bringen, doch ich konnte Dich oft nicht erreichen. Der Nebel, der Dich umgab, musste weggeschoben werden. Dies war nun möglich."

musste. Tränen stiegen mir in die Augen und ich wollte schreien. Ich spürte, wie sich durch meine Gedanken, mein Aufbegehren, alles noch schlimmer anfühlte. Es war nicht mehr nur ein steiler Berg, nicht mehr nur körperlich anstrengend, sondern plötzlich eine nicht zu bewältigende Aufgabe. Auf dieser Spitze der erlebten Ungerechtigkeit begriff ich, dass meine Bewertung und das Nicht-akzeptieren-wollen viel mehr Leid verursachten als die Bewegung am Limit meiner Kräfte allein. Ich verstehe es in einer tiefen Ebene meines Bewusstseins. Der Berg *ist* nur, er hegt keine bösen Absichten mir gegenüber. Die Anstrengung ist anstrengend. Meine Bewertung, mein Kampf ist unnötig. Mit diesem Wissen lasse ich den Moment los. Ich akzeptiere, nehme an. So habe ich es vor vielen Jahren gelernt. Nun Berts Sterben anzunehmen, ist ein anderes Level.

Ein Sturm tobt in mir.

Unruhig wache ich am Morgen nach der Diagnose sehr früh auf. Wird Bert heute sterben? Es sieht nicht unbedingt so aus, als alle vier Katzen erwartungsvoll in der Küche sitzen. Die Tages-Routine des Morgens sortiert meine Gedanken. Es tut gut, etwas tun zu können.

Es zerreißt mich innerlich, als ich gehen muss. Es ist nicht möglich, alle Termine abzusagen, und ich kann mich auch nicht einfach krankschreiben lassen. Heute soll ich einen Klienten zur Abschlussprüfung seiner Ausbildung begleiten - ich werde dreizehn Stunden weg sein. Würde ich bei Bert bleiben, platzt diese Prüfung. Das ist keine wirkliche Option, denn letztlich kann ich für Bert gerade nichts tun. Unter hundertmaliger Abwägung aller Argumente, finde ich es vernünftig, das Haus zu verlassen. Während ich zum Termin fahre, bleiben meine Gedanken noch zuhause. Mein Autopilot schaltet sich ein und ich teile mich innerlich auf. Ein Teil funktioniert, der andere versinkt in Sorgen.

Den Klienten vor mir, komme ich abrupt in die Gegenwart. Mir schwappen die Angst und Orientierungslosigkeit des fünfundzwanzigjährigen Mannes entgegen. Meine Aufgabe ist jetzt, hier zu sein, wachsam zu sein. Signale meines Gegenübers erkennen und bei Bedarf reagieren. Hauptsächlich geht es darum, eine Hilfestellung zu geben, um Gefühle regulieren zu können. Diese Prüfung war lange geplant, die Genehmigung des Schuldirektors, dass ich als Begleitung vor dem Prüfungs-Raum anwesend sein darf, war schwer zu ergattern gewesen. Es brauchte einige offizielle Bestätigungen und Rückversicherungen, dass dies wirklich erforderlich und erfolgsversprechend sein würde. Ziel ist, die Prüfung trotz Panik-Attacken zu meistern. „Keine Null-Punkte-Abgabe", ist der Auftrag, den ich vor einer Woche von dem jungen Mann bekommen habe.

Ich kenne es selbst von früher. Überwältigende Gefühle kommen wie aus dem Nichts und torpedieren jede denkbare Situation. Sie können alles lahmlegen und einen Dinge tun lassen, die unüberlegt oder gar destruktiv sind. Man kann es lernen, starke Emotionen abzuschwächen. Man kann sich einen Notfallkoffer für die Psyche zusammenstellen. Drinnen sind unter anderem starke Sinnesreize, die einen solchen Schock ins System geben, dass man sich automatisch wieder in die Gegenwart holt. Tabasco für den Geschmacksinn, der Geruch von Ammoniak oder Hirschhornsalz. Oder man „surft" auf den Emotionen: „Ich bin nicht das Gefühl, ich habe das Gefühl." Es geht darum, Emotionen wieder ziehen zu lassen wie Wolken am Himmel. Man nimmt eine Beobachter-Perspektive ein und betrachtet wie von außen die eigenen Gefühle – den Menschen, der gerade ein Gefühl hat. Ohne Bewertung.

Nach vielen durchlebten Gewittern und Orkantiefs hat sich bei mir eine grundlegende Gelassenheit eingestellt, es gelingt mir schnell, den inneren Abstand herzustellen. So kann ich heute als Coach jemand anderen durch diese Situationen führen.

Während der junge Mann seine Prüfung schreibt, bin ich abkömmlich und habe eine längere Pause, die ich in Bereitschaft verbringe und in einer Gang-Nische vor dem Prüfungsraum sitze. Ich muss damit rechnen, dass mein Schützling die Prüfung wegen aufsteigender Panik unterbrechen muss; dann würde ich wieder präsent sein und wir regulieren den Stress gemeinsam.

Natürlich sind meine Gedanken sofort bei Bert. Wie ein Zirkus-Dompteur erlaube ich den gefährlichen Gefühlen nicht, aus der Reihe zu tanzen und ein eigenes Programm zu absolvieren. Der räumliche Abstand, die fremde Umgebung machen es mir leicht, die Situation aus einer Vogelperspektive zu betrachten. Dadurch realisiere ich, dass Bert ja noch nicht gestorben ist, aber meine Gefühle so tun, als wäre es so. Wir haben noch gemeinsame Stunden vor uns. Ich gewinne für den Moment sogar so etwas wie Zuversicht. Ich werde für Bert da sein, was auch immer nun auf uns zu kommt. Wir werden Schritt für Schritt weitergehen - bis zum Ende. Ich spüre, dass ich den Mut dafür habe. Vor meinem inneren Auge kreiert sich eine Collage von Situationen, die sehr herausfordernd in meinem Leben waren, die ich aber gemeistert habe. Das Innehalten stärkt meinen Entschluss, mich der Situation zu stellen.

Auf dem Weg nach Hause springe ich doch noch in das Zoofachgeschäft - es dauert einfach zu lange, bis das bestellte Paket mit den hochkalorischen Pasten kommen wird. Ich habe immerhin so viel Gelassenheit zurückgewonnen, dass ich denken kann, es macht keinen großen Unterschied, ob ich eine Viertelstunde früher oder später zuhause sein werde. In den Regalen liegen Cremes und Pasten, Pudding für Katzen, Leckerlies, die wir noch nicht kennen. Meine Beute lässt mich gut gewappnet fühlen, doch was erwartet mich zuhause?

Zuerst Lucy, dann Smilla und Ernie erscheinen in der Einfahrt vor den großen Fenstern, als ich in die Garage fahre. Bert wartet bereits vor der Haustüre und eskortiert mich bis in die Küche. Vor Bert breite ich drinnen sofort ein All-you-can-eat-Buffet aus. Während Bert sich noch überlegt, was davon er mag, haut Ernie schon rein, inhaliert geradezu. Bert mag den Geschmack der Käsepaste so sehr, dass er zu meiner Erleichterung den Nachschlag auch verputzt. Anschließend legt er sich in den Hof und schleckt sich. Eigentlich sieht er zufrieden aus. Meine Sorgen, die sich in den vergangenen Stunden immer wieder vorgedrängelt haben, kommen mir auf einmal überflüssig vor. Auch die anderen Katzen gehen nach dem Futter-Service wieder nach draußen, eingeladen von der Abendsonne im Garten.

Nach diesem langen Tag merke ich, wie auch ich hungrig bin. Mir fällt wieder ein, dass Nudeln mit Tomatensoße unendlich tröstlich sein können. Als ich satt und ruhiger bin, lege ich mich ins Bett. Die Katzen trudeln nach und nach wieder ein. Es ist inzwischen dunkel. Der zweite Abend mit der Diagnose fühlt sich weniger dramatisch an. Mein Verstand hat die Informationen in erster Instanz verarbeitet, der Gefühls-Dschungel lichtet sich. Ich sehe Bert, spüre ihn, es ist gut.

Alle vier sind da, ruhen sich aus von diesem Tag, von den Abenteuern da draußen im Frühlingsgeschehen. Als ich mitten in der Nacht wach werde, höre ich, wie eine der beiden Katzen-Zugänge klappert – es ist die große Katzenklappe im Wohnzimmer-Fenster. Wenn Lucy durch dieses Türchen geht, klappert es zuerst mehrmals kurz und leise. Sie hangelt mit den Pfoten nach draußen, öffnet das Türchen mehrmals ein klein wenig, bevor sie sich traut, ganz hindurchzugehen. Wenn Ernie davorsteht, nähert er sich mit dem Kopf, um ihn verwirrt nochmal zurückzuziehen. So schnappt der Schließmechanismus mehrmals wieder zu, bevor das Timing stimmt, und Ernie in dem Moment durchgeht, in dem der Verschluss auch weiß, dass die Katze nun wirklich hindurch will. Smilla geht zügig - ein Klick, dann das Klappern. Bert ist ähnlich, manchmal verwechsle ich, ob Bert oder Smilla gerade nach Hause kommen. Es ist so vertraut. Es kommt mir der Gedanke, ich könnte Berts Chip-Nummer aus der Katzen-Klappen-Programmierung löschen. Dann würden sich die Türchen für Bert nicht mehr öffnen. Von den ersten Tagen nach dem Umzug hierher weiß ich, was passieren würde: Ein wütendes Scharren an der Klappe, das sich steigert und bald untermalt wird von empörtem Jaulen. Er würde das im besten Fall für ein paar Stunden akzeptieren, sich für eine Runde Schlaf einrollen, bevor er es erneut versucht und sich die Empörung steigert. Bert soll an seinem Lebensende nicht empört sein.

Bert: „Ich habe dieses Leben gewählt, um das Frei-sein leben zu können. Wurzeln und Flügel – ich wollte beides. Diese Sehnsucht hat uns stets verbunden. Du hast viel in Bewegung gesetzt, um uns Katzen diese Freiheit zu geben. In unseren Herzen konnten wir uns gegenseitig verwurzeln. Die Flügel liegen auch für Dich bereit. Dies wollte ich Dir zeigen."

Mein Gefühl ist, dass er zufrieden ist mit diesem Leben. Er kann entscheiden. Ich werde nichts für ihn verändern. Die Chip-Nummer bleibt gespeichert. Wenn er hinaus will, wird es da draußen etwas geben, was wichtig für ihn ist. Ich versuche, meine Sinne für ihn zu schärfen, auf ihn auszurichten, um zu merken, sollte sich daran etwas ändern.

Eine weitere Herausforderung in dieser Woche am dritten Tag nach der Diagnose ist ein Vereins-Treffen. Es ist immer schwierig, in dieser Runde einen Termin zu finden, alle sind viel beschäftigt und engagieren sich für soziale und gesellschaftliche Themen. Der Verein ist eng verknüpft mit meiner Arbeitsstelle - meinen Arbeitsplatz würde es ohne den Verein nicht geben und den Verein gäbe es ohne dieses Projekt, das ich aufgebaut habe, auch nicht. Deshalb ist nicht möglich, nicht dabei zu sein. Es ist auch wieder gut, die Situation für ein paar Stunden räumlich zu verlassen. Es ist eine Ablenkung unter freundlichen Menschen. Gemeinsam lachen und diskutieren. Miteinander essen, jeder hat etwas mitgebracht. Beinahe vergesse ich den Abschied von Bert. Als sich die Runde auflöst, kann ich noch eine Frage loswerden, die mich schon den ganzen Nachmittag begleitet hatte. Eine Mitstreiterin aus der Runde ist Ärztin. Ich erkläre ihr Berts Diagnose und frage sie, woran man

Bert: „Die Art zu sterben habe ich entschieden, als die Seelenverträge geschlossen wurden. Im (energetischen) Geburtskanal wusste ich, dass ich in der gleichen Weise zurück gehen werde. Und dann war es irrelevant. Für Dich ergänzen sich Wissen und Vertrauen. In der Vernetzung, indem ihr Wissen teilt, könnt ihr Menschen euch gegenseitig stützen und ergänzen. Eure Möglichkeiten sind faszinierend und wir profitieren davon. Wir legen mehr Gewicht auf Vertrauen – davon könnt ihr gewinnen und euch entwickeln. So ergänzen wir uns auf dieser Erde."

eigentlich stirbt, wenn man einen großen Tumor im Bauch hat. „Schwer zu sagen, was als nächstes passiert. So ein Tumor gibt zum Beispiel Giftstoffe in den Stoffwechsel und überflutet damit den Körper", erklärt sie mir. „Das kann zu einem Organversagen führen." Die Möglichkeiten seien vielfältig, unvorhersagbar. Also bleibt mir keine andere Wahl, als mich auf den Prozess einzulassen, erkenne ich, was ich schon vermutet habe. Ich kann hier nichts planen, organisieren, lenken. Ich kann die Kontrolle nicht zurückbekommen.

Als ich am Abend nach Hause komme, ist Bert nicht da; ich hatte ihn an diesem Tag noch nicht gesehen. In der Nacht bin ich wachsam, doch die Geräusche der Katzenklappe geben keinen Bert zu erkennen. Ich serviere das Frühstück nur für drei Katzen. Putze die Wohnung, einfach nur, weil Freitag ist. Dankbar, eine Beschäftigung zu haben, die keine logischen Gedankengänge von mir fordert. Bert lässt sich nicht blicken.

Wie wäre es jetzt, wenn er nicht mehr wieder kommt? Liegt er irgendwo und braucht meine Hilfe? War es falsch, ihn hinauszulassen? In Gedanken spiele ich mögliche Sterbe-Szenarien durch, die mir einfallen. Ich stelle mir vor, wie es zu so einer Vergiftung käme und die Nieren würden vielleicht aufhören zu arbeiten. Bert könnte übel werden, vielleicht würde er sich sehr schwach fühlen, oder kollabieren. Er zieht sich dann vielleicht zurück, unter ein Gebüsch, ins Gras, während die Organe, schließlich auch das Herz, ihren Dienst einstellen würden. Bert weiß, dass er zuhause Hilfe bekommt. Kann ein Tier solch eine bewusste Entscheidung treffen? Wie ist das Bewusstsein der Tiere? Wenn die Katzen draußen vor etwas fliehen, rasen sie meistens sofort nach Hause. Also können sie wählen, und wissen, wo sie Hilfe und Schutz bekommen.

Was, wenn es seine ganz bewusste Wahl ist, draußen zu sterben? Möglicherweise bieten die Energien der Erde eine Form der Entlastung und Unterstützung? Wir können das nicht sehen, messen oder beweisen. Ich will es trotzdem **nicht unterschätzen.**

Ich hatte das nie verstanden: In der größten Sommerhitze, wenn es in der abgedunkelten Wohnung eigentlich angenehm ist, sind die Katzen lieber draußen. Ich habe oft gesehen, dass sie dann gerne unter einem Busch liegen. Irgendetwas scheint dort angenehmer zu sein als in der Wohnung. Das Klima dicht am Boden? Es gibt Angewohnheiten und Vorlieben der Katzen, die ich als Mensch nicht nachvollziehen kann. Sagt der Instinkt Bert, dass es gut ist, draußen zu sein? Ich habe die Vorstellung, dass es Erdgeister gibt. Gute Feen. Irgendetwas, was die Natur zu bieten hat, was einer Wohnung fehlt. All der Komfort, die Fürsorge des Menschen,

Bert: „Starke Hitze verändert die Energieflüsse. Geschlossene Räume stauen und verstopfen mit Energie. Es geht hier nicht um die Temperatur. Sonnenenergie reinigt das energetische System. Die Erde zu fühlen, der Kontakt, zentriert und verankert dabei. (Bert lacht) Für Dich sieht es aus, als läge ich faul im Garten. Es ist ein Heilungs- und Reinigungsprozess, der Entwicklungsprozesse beschleunigt.

Und ich liebte die Geräusche, das Nah-sein und die Verbindung mit den anderen Geschöpfen. Manchmal brauchte ich etwas Abstand von den menschlichen Gepflogenheiten, wie denken, grübeln, Aktionismus. In dieser Zeit konnte ich regenerieren und damit im Sterbeprozess weitergehen. Das klingt vermutlich widersprüchlich. Die Natur half mir beim Sterben."

wird im Sterben vielleicht unbedeutend im Vergleich zu dem Halt, den Mutter Erde geben kann?

Irgendwann schlafe ich auch nach diesem Tag voller Sorgen ein. Es ist eine kurze, traumlose Nacht, und am Morgen fülle ich drei Futternäpfe. Tagsüber gibt der Garten die Möglichkeit, mich abzulenken. Doch drinnen kann ich das Ticken gleich mehrerer Uhren nicht ausblenden. Mir ist sehr wohl bewusst, wie viel Zeit gerade vergeht, in der Bert verschwunden bleibt. Ist das Berts Plan - zurückgezogen, lautlos und unsichtbar sterben?

Die Erinnerung sagt mir, Bert ist im Frühsommer immer schon gerne draußen gewesen. Auch mal für zwei Tage, ohne dass ich etwas von ihm gesehen habe. Mein Verstand macht vorsichtig darauf aufmerksam, dass nun Tag drei ist. Er flüstert es zuerst, und wird dann deutlich, weil ja auch schon wieder Abend ist. Um Mitternacht sind die inneren Dialoge schwer auszuhalten. Ein paar tiefe Atemzüge am Gartenteich, das Plätschern kann mir keine Idylle vormachen. Kurz habe ich den Impuls nach Bert zu suchen. Doch es ist zu dunkel dafür. Katzengleich rolle ich mich in meinem Bett ein und schlafe kurz und ohne Träume.

Am Sonntag lässt sich der Gedanke nicht mehr wegschieben. Vor vier Tagen hatte ich Bert zuletzt gesehen. Das wäre auch unter normalen Umständen Grund zur Sorge. In meinem Kopf braut sich die Gewissheit zusammen, dass er gestorben sein muss. Ich versuche, meine Gefühle zu ergründen. Ich muss doch spüren können, ob er tot oder lebendig ist - wir haben doch immer eine Verbindung gehabt. Ich spüre hin. Ich spüre sehr genau hin. Da ist Aufruhr, Leere, Traurigkeit. Nichts von den Gefühlen, die mit Bert zu tun hatten. Das muss doch bedeuten, dass er nicht mehr da ist. Doch, was ist *mein* Gefühl, und was ist ein Gefühl, das durch meine Gedanken ausgelöst wurde? Was ist zuerst da – Gedanke oder Gefühl? Wie funktioniert eigentlich Intuition? Ich versuche letztlich in meiner Verwirrung nur noch zu erraten, ob die Verbindung zu Bert noch da ist.

Mittags bin ich mir ganz sicher, es gibt keine andere Erklärung für das lange Wegbleiben: Bert ist tot. Tränen laufen. Zuerst wenige. Dann werden es mehr. Ich bin traurig, verzweifelt und erschöpft durch die vielen Stunden voller Grübeln und Machtlosigkeit. Als die Tränen aufhören, fühle ich mich leer. Es ist ein Hauch von Erleichterung. Die Last der Sorge ist gerade nicht mehr spürbar, das Abwägen und Scannen der Umgebung nach Hinweisen. Nun muss ich nur noch akzeptieren und die Trauer darf sein. Sie füllt mich aus wie eine große schwere Wolke. Vielleicht kann ich Berts Körper im Garten finden. Dann könnte ich ihn beerdigen und innerlich vollkommen abschließen. Ich bin nun bereit, einen toten Bert zu finden. Zu sehen, zu fühlen würde das Begreifen vervollständigen. So trete ich hinaus in den mit Sonne überfluteten Garten. Smilla und Ernie schließen sich mir an. Wir gehen hoch auf die Wiese. Kurz bin ich mir nicht sicher, ob ich ihn wirklich finden will. Doch dann ergreift mich Entschlossenheit. Ich bin entschlossen, mich mit dem Tod zu konfrontieren. Grimmig, traurig, resigniert. Meine Augen führen mich zu den Plätzen, an denen ich Bert schon mal gesehen hatte. Ich laufe durch hohes Gras, an Büschen vorbei, unter die ich suchend blicke. Laufe Erdflecken ab, die er gerne mochte. Die große Leere in mir will mich lähmen, meine Schritte werden noch langsamer. Ich komme zum Ende des Grundstücks. Sehe die Weite des Feldes, höre Grashüpfer und sogar ein lautes Quaken der beiden Frösche im Teich. Eine dicke Libelle umrundet mich. Ich sehe eine Eidechse unter die Thujen huschen. Und sehe Bert. Er sitzt direkt vor mir im Gras, aufrecht, und sein klarer Blick aus den ockerfarbenen Augen durchdringt mich. Er sieht mich fragend an. Als ob er meine Verfassung nicht versteht. „Dachtest du etwa, ich bin tot? Dann hast du eben nicht genau hin gespürt." So fühlt es sich wohl an, einem Gespenst zu begegnen. Alles, was ich sagen möchte, bleibt mir im Hals stecken. Ich streichele ihm sanft über den Kopf. Da ist ein kleiner Impuls, auszuflippen und zu schreien, aber ich bin dafür viel zu erschöpft. Wir gehen gemeinsam durch den Garten zurück ins Haus. Ein Buffet, noch reichhaltiger als die zuvor, entfaltet sich vor Berts Nase.

Erschöpft verbringen wir den Rest des Tages auf dem Sofa. Mein Ohr liegt dicht an Berts Nase und sein gleichmäßiger Atem verbreitet durch mein Ohr hindurch eine Ruhe und Geborgenheit in mir. Ernie gesellt sich zu uns, er legt sich neben Bert, mit ein klein wenig Abstand. Ernie mustert den schlafenden Bert sehr lange. Ich wüsste gerne, was er denkt. Beide schlafen ein und alles ist auf einmal friedlich.

Bert: „Ich habe den anderen Welten einen Besuch abgestattet.

Es war eine Übung in Vertrauen, doch sie hat Dich sehr verwirrt. Es war auch wie eine Art Reset Deines Systems, Deines Denkens und Fühlens. Alles wieder auf Null gesetzt und so konntest du Dich stärker auf den Moment einlassen. Darum ging es: Das Jetzt zu spüren, den Moment wahrnehmen."

Ich habe zwei Tage, an denen ich nur zuhause sein kann. Bert liegt sehr viel auf dem Sofa. Ich darf mich etwas erholen. Ich weiß nicht, wie man die Zeit anhalten kann, aber versuche es so: Atmen, die Augen schließen, alle anderen Sinne öffnen. Spüren, was ist, fühlen, was ich fühle und das „Jetzt" wahrnehmen. Das „Jetzt" wird klar in der Erinnerung verankert. Es ist ein Herz-Foto und speichert alle Sinneseindrücke aus diesem einen Moment. Ein Bild, das ich mit dem Herzen gemacht habe, wird nun in jeder Zelle gleichzeitig gespeichert. Ich mache dies ein paar Mal an diesen Tagen.

So gehen wir nun in den neuen Alltag, der sich zerbrechlich anfühlt. Ich versuche, so viel wie möglich zu verschieben und da zu sein. Und es gibt Buffets für Bert. Sterbende dürfen alles. Was ist eigentlich schlimm an der Vorstellung zu gehen, und später festzustellen, dass es der letzte Abschied war? Vielleicht ist es das: Jetzt ist es endgültig. Wenn ich etwas versäumt habe, ist es für immer.

Die zweite Woche nach der Diagnose, der Juni hat nun begonnen, ist mit den anstehenden Terminen wie eine Kopie der ersten. Wir sind mitten in der Zeit der coronabedingten Einschränkungen. So ist es nicht einmal ungewöhnlich, viele Termine in Online-Termine zu wandeln. Ich muss nur für kurze Zeiten das Haus verlassen und einige meiner Aufgaben kann ich aufschieben. Die wenigen Stunden, für die ich gehe, sind wieder eine Übung im Loslassen. Nach einigen Tagen mit der neuen Routine habe ich den Eindruck, Bert ist verändert. Es ist schwer an irgendetwas festzumachen. Bert fühlt sich angespannt an. Weniger weich in seinen Bewegungen. Die Tierärztin hatte gesagt, ich würde merken, wenn die Wirkung der Spritze nach-

Bert: „Es war ein kleiner Aufschub. Oft ist das Sterben wie ein Pendel, das mal in die eine, mal in die andere Richtung schwingt, bis es langsamer wird und zu Stillstand kommt."

lässt. Ist es das, was sie meinte? Vorsichtshalber noch vor dem Wochenende vereinbare ich einen Termin beim Tierarzt. So sind wir zehn Tage nach der Diagnose wieder in der Praxis. Ein kurzer Bericht, neue Spritze. Als die Tierärztin Bert auf die Waage hebt, bleibt mein Herz fast stehen. Die Waage ist auf unserer Seite: Vierhundert Gramm zugenommen. Freude und Glück durchströmen mich, als könnten wir - Bert und ich - gewinnen. Kurz ist es, als müsste alles, was beim vergangenen Termin hier gesagt wurde, nur ein schrecklicher Irrtum sein.

Für ungefähr drei Sekunden fühlt es sich gut an. Hoffnung. Doch ich weiß, dass er gerade stirbt. Ich weiß, dass dies dazu gehört. Ich weiß ja. Ich weiß, ich weiß. Aber so, wie das Aufblühen zum Sterbeprozess dazu gehört, gehört zu meinem Prozess die kurze Hoffnung. Vielleicht gibt sie ein wenig Kraft nach dem ersten Schock. Auf dem Weg zurück nach Hause habe ich das Gefühl, ein paar Tage Zeit gewonnen zu haben. Ein kleines Geschenk.
Wir machen das Beste daraus. Für mich heißt das, so gut wie möglich im Moment zu bleiben, da zu sein. Für Bert heißt es, seinen Kater-Gewohnheiten nachzugehen. Ich habe schon nach ein paar Stunden den Eindruck, dass die Cortison-Spritze wirkt. Bert frisst mit mehr Appetit, er wirkt entspannter und auch wieder präsenter. So verbringen wir eigentlich ein sehr normales Wochenende. Verräterisch nur die beiden Bücher, die auf dem Sofa liegen. Das eine beschreibt die Sterbebegleitung einer Katze, in dem anderen von Penelope Smith geht es um Gespräche mit Tieren aus dem Jenseits. Ich lese wohldosiert. Die Texte bestätigen, was ich vermute. Sterben und Tod ist eigentlich nichts, was uns Angst machen müsste. Es scheint sehr schön zu sein auf der anderen Seite. Sehe ich mir meinen roten Kater an, schlafend auf dem Sofa, keimt in mir der Verdacht, dass er es längst weiß.

Schritt für Schritt, mit jedem weiteren Tag, sickert das Akzeptieren in die Zellen. Beziehung bedeutet auch loslassen lernen. Begegnung, in Kontakt gehen, Abschied, Tod, Wiedersehen. Beziehung ist nicht nur Verbindung, sondern ist auch unweigerlich mit der Trennung verknüpft. Ich wusste es vom ersten Tag an. An dem Tag, als ich das Foto von Bert und seiner Cindy im E-Mail-Postfach hatte, war mir klar, dass ich den Abschied dazu buche.

Bert: „Du wusstest immer, dass wir eines Tages gehen, doch du konntest es niemals fühlen. Erst wenn das Wissen mit dem Fühlen verknüpft wird, kannst Du es integrieren und nutzen."

Was nutzt es, sich des Abschieds vollumfänglich bewusst zu sein?

„Du könntest diese Angst loslassen, die ständig hinter Dir herläuft. Die Angst, die Dir im Nacken sitzt und Dich bei jeder Gefahr, jeder Unebenheit, an Trennung und Tod denken lässt. Sie beeinflusst an vielen Stellen Dein Denken und Handeln. Manchmal macht sie Dich kopflos."

Lucy, Smilla und Ernie begleiten uns auf diesem Weg. Was geht in ihnen vor? Spüren sie den nahenden Abschied? Ist es für sie überhaupt ein Abschied? Sie lassen sich nichts anmerken und machen normale und komische Dinge, so wie immer. Sie haben alle ihre Tagesroutinen. Ernie verfolgt einen möglichst gut strukturierten Tag mit immer gleichen Abläufen: Nach dem Frühstück wird ausgiebig geschlafen und geträumt. Einen Snack gibt es pünktlich um vierzehn Uhr, dann eine kurze Runde durch das Gebüsch hinter dem Haus, bevor der Nachmittagsschlaf auf dem Sofa ansteht. Um sechzehn Uhr ein vorgezogenes Abendessen, dann geht es auf Tour. Zweites

Abendessen um halb acht, vor der Abendrunde. Spätestens um elf Uhr eintrudeln zu Hause und nicht ohne Snack ins Bett gehen. Kurze Runde draußen zwischen zwei und vier Uhr, dann schlafen bis zum Frühstück.

Lucy ist ein wenig flexibler im zeitlichen Ablauf, besteht jedoch auf ihren Runden durch die Wohnung. Immer die gleichen Wege. Ich befürchte, bis wir hier ausziehen, gibt es auf den Steinfliesen kleine Trampelpfade. Zuerst am Wohnzimmerschrank vorbei, zu den großen Fenstern an der Straße zum Hauseingang, dann am Bücherregal vorbei Richtung Küche. Noch drei Mal wieder von vorne, insgesamt etwa fünf Durchläufe an einem Tag.

Smilla ist zeitlich flexibler, verfolgt ihren lockeren Wechsel zwischen dem Leben drinnen und dem Erkunden in der Natur. Sie holt sich immer wieder ausgiebige Streicheleinheiten ab, wenn sie nach frischem Gras duftend kommt, und bevor sie satt und zufrieden wieder geht.

Währenddessen verschwindet Bert den ganzen Tag und die Nacht in den Garten. Und noch einen Tag, und noch einen. Ich komme wieder heim und alle Katzen kommen aus dem Garten oder aus ihren Betten, um mich zu begrüßen. Aber er ist nicht da. Ich habe Bert schon wieder seit Tagen nicht gesehen. Eigentlich ist es mit der sommerlichen Witterung normal, doch jetzt ist gar nichts mehr normal. Es gab keine Hinweise darauf, dass er auch nur kurz zuhause war.

Weil ich nur wenig geschlafen habe, bin ich mir nicht sicher, ob ich mir richtig gemerkt habe, wann genau ich Bert zuletzt gesehen hatte. Ich habe es mir nicht notiert. Es müssen nun wieder vier Tage gewesen sein. In diesen Tagen habe ich vieles getan, um mich abzulenken. Ich gehe in den Garten, rufe ihn wie schon mehrmals an diesem Vormittag und stelle mir vor, er möge plötzlich wieder vor mir sitzen wie neulich. Kein Maunzen, keine verräterische Bewegung im hohen Gras oder unter den Büschen. Am Teich setze ich mich auf den kleinen Steg. Ich ertappe sofort, welchen geheimen Trick ich damit versuche. Wenn ich hier sitze, hat das oft eine magnetische Wirkung auf die Katzen. Ich kann es mir nicht so genau erklären, aber sobald ich diesen Platz einnehme, wissen sofort alle Katzen Bescheid! Sie kommen dann aus allen Richtungen, egal, was sie gerade tun. Ernie maunzt den ganzen Weg bis zu mir und wälzt sich dann wohlig auf dem Boden, drückt sich an meine Beine, als wäre er angeklebt. Und Smilla hüpft von einer Pflanze zur nächsten, als würde sie sagen: „Hast du die hier schon gesehen, und die hier?" Als ob sie mir alle sagen wollten: „Du gehst zu wenig raus, schön dass du dich endlich aufgerafft hast. Wir zeigen dir unsere Welt hier draußen." Es ist auch diesmal so: Aus der wildwachsenden Wiese der Nachbarn taucht Ernie auf und erzählt etwas, während er zu mir auf die Terrasse kommt. Smilla springt über den Zaun aus dem Nachbarsgarten und sprintet zu uns und Lucy pirscht sich ganz langsam von der Garageneinfahrt heran. Der Trick funktioniert aber nicht mit Bert. Was sagt mein Gefühl? Kann ich eine Verbindung zu ihm spüren? Ich müsste es doch fühlen, ob er in der Nähe ist.

Bert: „Meine Ausflüge waren Reisen. Erholungsreisen in eine andere Dimension. Von außen mag dies den Anschein haben, als hätte die Seele den Körper bereits verlassen. Deshalb hatte ich zeitlebens Orte, die Dir nicht zugänglich waren. Ich hätte Dir sehr gern davon erzählt. Zeit und Raum spielten keine Rolle für mich."

Diesmal, so hoffe ich, könnte mein Gefühl ja vielleicht doch stimmen? Die Abendstunden ziehen sich wie Kaugummi, ich verkrümle mich ins Bett, ohne mich festzulegen, ob Bert nun tot oder lebendig ist.

Nach einer wieder kurzen Nacht breitet sich die Gewissheit in mir aus, bevor ich die Augen aufmache. Die Hoffnung lässt sich nicht mehr aufrechterhalten. Die Spezialitäten in seinem Napf, die nur Bert mag, wurden nicht angerührt. Wieder bin ich mir sicher, dass er tot ist. Es ist kein inneres Verhandeln mehr möglich, ich weiß es einfach. Smilla leistet mir Gesellschaft, schmiegt sich so dicht mit ihrem ganzen Körper an meinen Hals und Kopf, dass ich ihren Herzschlag spüren kann. Als ich nach drei Stunden fertig geweint habe und denke, dass Berts Herz nun stillsteht, klappert die Katzentür.

Bert: „Es ist Dein Kino, nicht meines. Mach Dir dies bewusst. Ja, wir spüren, wenn die Zeit abläuft, wenn es Zeit ist für den Übergang, weiterzuziehen. Es ist kein Drama. Wir leben weiter im Hier und Jetzt. Wir nutzen den Moment, jeden Atemzug, um Dinge zu ändern, die wir ändern können. Da gibt es keine langen Pläne und Überlegungen. Wir schwingen jeden Tag mit den Energien. Wir sehen die untergehende Sonne und folgen ihr ohne Drama. Vor dem, was uns erwartet, haben wir keine Angst. Wohl kennen wir Schmerz, Abschiedsschmerz. Die Verbundenheit in dieser Energieform zu lösen kann Schmerzen bereiten – im Körper, in der Seele. Und auch dies ist einfach so. Wir verharren nicht jahrelang in Schmerz, so wie ihr es tut. Alles wandelt sich. Der Körper, die Verbindungen.

Auch die Liebe wandelt sich, nicht ihre Essenz, aber durchaus ihre Form. Liebe kann dann bedeuten, Energien zu senden, anstatt das Köpfchen an Deinem Arm zu reiben.

Es kann bedeuten, den Weg von der jenseitigen Ebene heraus zu ebnen, anstatt vor Deinen Füßen im Weg zu liegen, wenn Du in der Küche herumläufst, um zu kochen.

Die Vorbereitungen, die ich getroffen habe, haben auf der seelischen Ebene begonnen und sich im Körper manifestiert.

Wenn Du so willst, so kann man sagen, wir nehmen in jedem Moment Abschied. Ich rieche an einer Blume, ihr Duft erfüllt mich, ich spüre Leichtigkeit und lasse sie wieder los. Dies ist ein Abschied.

Dies ist keinesfalls eine Art Bedeutungslosigkeit der Dinge oder der Beziehungen. Wir nehmen die Verbindungen hier und jetzt wahr und werden uns der Stärke, der Kraft nicht erst im Sterben bewusst. Lade Dich selbst ein, die Fülle in diesem Moment zu fühlen. Lass Dich mitreißen davon!

Es ist ein Frieden in jedem Moment des Seins."

Kapitel 4 – *Dritte und vierte Woche*
Die Veränderung beginnt

UNSERE SEELEN BESCHLIESSEN VOR DER GEBURT IHRE LEBENSAUFGABEN MIT DEM ZIEL, SICH WEITERZUENTWICKELN. HABEN TIERE SOLCHE PLÄNE EBENSO? NEHMEN SICH TIERE EINE AUFGABE IM LEBEN IHRES MENSCHEN VOR?

Eine milde Panik meldet sich, als ich dem Terminvorschlag meines Kollegen zustimme. Ein Gespräch zu dritt, gemeinsam mit einer Klientin, steht schon lange an. Muss es ausgerechnet jetzt sein? „Unbedingt“ findet mein Verstand, weil es für mich eine Entlastung von Verantwortlichkeiten mit sich bringen wird. Ich sehe mich für ein paar Stunden hier zuhause abkömmlich und möchte den Termin außerdem mit ein paar Erledigungen verknüpfen. Wir treffen uns auf dem Parkplatz und gehen ein paar Schritte nebeneinander, um noch private Worte zu wechseln. Der Kollege war für einige Jahre ein leidenschaftlicher Hunde-Mensch. Er hatte mir einmal den Tipp gegeben, zuerst meinen Alltag so zu organisieren, dass ein Hund mit seinen Bedürfnissen hineinpasst, bevor ich mir jemals einen anschaffe. Einer der Gründe, warum bei mir noch kein Hund lebt. Meinem Kollegen selbst war es irgendwann zu viel. Ich weiß nicht, was genau der Auslöser war. Er meinte, er könne dem Hundemädchen nicht mehr gerecht werden, und vermittelte sie in eine andere Familie. Mein Bild des Kollegen ist seitdem nicht mehr das Gleiche. Unsere Maßstäbe und Werte sind unterschiedlich. Seine Sicht auf die Welt wirkt auf mich in vielen Aspekten recht pragmatisch: „Weißt du, wenn Bert stirbt, hatte er ein großartiges Leben bei dir!" Dass er das sagt, erfüllt mich mit Wärme und Stolz. Nichts anderes wollte ich elf Jahre zuvor, als ich den Zwerg aus dem Tierheim geholt hatte.

Ein paar andere Menschen in meinem Umfeld informiere ich ebenfalls, dass mir nicht mehr viel Zeit mit Bert bleibt, damit sie verstehen können, warum ich mich gerade nicht zum Kino oder ins Theater verabreden möchte. Die meisten von ihnen haben auch Tiere – aber eher als Haustiere, nicht als Familienmitglieder. Sie verstehen im Ansatz, dass ich zuhause bei Bert sein will. Selbst würden sie sich nicht in dem Maße an den Bedürfnissen ihrer Tiere orientieren, sofern sie die Bedürfnisse überhaupt anerkennen. Dass sie meine intensive Beziehung nicht nachvollziehen können, ist in Ordnung. Ich kann umgekehrt auch nicht nachvollziehen, dass man ein Tier eher als eine lebendige Dekoration des Hauses behandelt.

Nachbarn aus der Parallelstraße sind Tierhalter, die alles für ihre Tiere tun, im klassischen Sinne. Optimale Rund-um-Versorgung, regelmäßige Kontrollen beim Tierarzt und die Medizin, die er empfiehlt, wird um jeden Preis in das Tier hineingebracht. Der Garten und alles, was dort herumpurzelt, darf von den Katzen hinter Fensterscheiben beobachtet werden. Das Ende des Lebens ist meistens dann erreicht, wenn der Tierarzt es vorschlägt. Sie verstehen, dass ich bei Bert bleiben will. Vielleicht fragen sie sich, warum ich nicht mehr für ihn tue. Weitere Tierärzte zurate ziehe, einen Tierarzt finden, der ihn doch noch operiert, ihn nicht mehr hinauslassen, mehr auf ihn aufpassen.

Es scheint sehr unterschiedliche Beziehungen zwischen den Menschen und ihren Tieren zu geben. Was ich in den Tieren sehe, kennen nicht alle. Vielleicht erleben nicht alle das, was ich mit meinen Tieren erlebt habe? Dass sie mein Leben verändern, mich an Orte lotsen, die gut für mich sind, und sie mich durch ihr Dasein glücklich, mutig, selbstbewusster machen?

Durch die erste Katze an meiner Seite hat sich so vieles in meinem Leben verändert. Das fing damit an, dass sie überhaupt in mein Leben gekommen ist. Nach einer unzähligen Reihe von Klinikaufenthalten, war mit Tinkas Einzug der Punkt gekommen, mich nicht mehr nur an einem Versorgungssystem von Fachleuchten zu orientieren. Diese Klinikaufenthalte waren nicht mehr möglich, wenn ich für diese Katze da sein wollte. Und das wollte ich unbedingt. Ich musste also mehr Eigenverantwortung übernehmen - außerdem war diese Katze viel wichtiger als alles andere, ihre Gesellschaft weitaus attraktiver als die der Fachleute. Ich musste nun ak-

Bert: „Seelen sind eine energetische Essenz, alle sind gleichwertig und jede ist einzigartig. Die Prinzipien haben ihre Gültigkeit für jede Art der Ausgestaltung einer Seele. Wir alle wählen weise, auch die Kooperationen mit anderen Seelen ist nicht ohne tieferen Sinn. Dies sind karmische Gesetze. Ich habe sie nicht gemacht, aber ich liebe sie. Sieh doch, welche wunderbaren Entwicklungen möglich sind, wenn die Seelen und ihre Verträge harmonieren, ineinandergreifen und wirken. Wie Zahnräder, wie eine Symphonie oder das perfekte Zusammenwirken in einem Bienenstock. Wir unterstützen uns gegenseitig, es ist immer eine Balance. Mir war es eine Freude, meine Aufgaben zu entfalten. Das Wichtigste kam zum Schluss, doch das konntest Du erst rückblickend verstehen. Wenn ich einer Maus hinterherjagte, dachte ich nicht über meine Aufgaben nach. Ich dachte überhaupt sehr selten über etwas nach, sondern bin zu Beginn meines Lebens in den Fluss gestiegen und losgeschwommen – sehr zielorientiert. So einfach ist das. Und so großartig. "

tiver etwas dafür tun, um stabil im Leben stehen zu können. Kontinuierlich arbeiten gehen, um Geld für uns zu verdienen. Sorgfältiger die Lebensbedingungen überprüfen: Kann ich ihr alles bieten, was sie braucht? Ist sie beschützt und versorgt? Wie wohne ich - ist der Wohnraum geeignet für eine Katze? Gibt es einen Garten, in dem sie sicher spazieren kann? Diese Fragen veränderten meinen Fokus und alle Entscheidungen im Alltag.

Das Leben ohne die Auszeiten in einer Klinik funktionierte besser, denn mit Tinka gab es weniger von der quälenden inneren Leere, dem Gefühl, sich innerlich aufzulösen. Jede Form von Kontakt beendete diese Leere immer sehr schnell. Bisher war es der Kontakt zu Fachleuten, nun zu dieser Katze. Tinka bot mir einen Spiegel, in dem ich wahrnehmen konnte, selbst überhaupt existent zu sein. Und ich wurde einzigartig! Ich bekam *das Gefühl*, einzigartig zu sein. Tinka reagierte auf mich anders als auf andere Menschen. *Ich* bekam die exklusive Begrüßung, und *ich* war es, deren Nähe sie suchte. Mit *mir* machte diese Katze ihre Scherze, nur *mich* brachte sie zum Lachen.

[Ungelogen: Eines Morgens sah ich schon von der Küche aus, dass Tinka etwas Schwarzes, Haariges, irgendetwas mit mehreren Beinen im Maul nach drinnen trug und in den Flur legte. Ich wollte es am liebsten ignorieren, doch Tinka kam ziemlich eindeutig mit einer Aufforderung zu mir in die Küche, ich möge doch mitkommen, um zu gucken. Sie ließ nicht locker, miaute und lief aufgeregt zwischen ihrer Beute und mir hin und her. Als ich mich in den Flur wagte, beobachtete mich Tinka sehr genau. Ihr entging der Moment nicht, in dem meine Mimik von Ekel zu einer verblüfften Fassungslosigkeit wechselte. Die Beute war eine Plastik-Spinne der Kinder aus dem Erdgeschoss und als Tinka merkte, wie ich verstand, dass es kein Lebewesen war,

angelte sie mit einer schadenfrohen Begeisterung nach dem Spielzeug und warf es lachend in die Luft. Ich schwöre, dass sie von Herzen lachte.]

Und ich bekam von ihr dieses Zusammenkneifen der Augen, ein zärtliches Herumstreichen um die Beine, Köpfchen geben, ankuscheln - so sagt eine Katze: „Ich mag dich!" Kontinuierlich, über viele Jahre das Gefühl zu haben, geliebt und akzeptiert zu sein, hat mein Selbstvertrauen gestärkt. Ich musste es nicht anzweifeln, denn Tinka war im Grunde frei - sie hätte ihr Köfferchen packen und sich einen anderen Menschen suchen können.

Bert: „Liebe bewirkt Wunder und das Universum wusste, dass Du ein Wunder brauchst, um weiterzugehen!"

Es ist nicht so, dass die Katzen mich verändert haben, es ist die Fülle der positiven Gefühle, die sie in mir geweckt haben. Das sind die Katzen für mich. Ich vermute, kein Mensch der Welt hätte mir das geben können. Bei Menschen muss man immer damit rechnen, dass es Missverständnisse, Kränkungen oder Enttäuschungen gibt, beabsichtigt oder unbeabsichtigt. Unehrliche Kommunikation habe ich mit Tieren bisher noch nicht erlebt.

Als Tinka fünf Jahre alt war, bekam sie Diabetes. Abgesehen von den vielen Sorgen, den unzähligen Tierarztbesuchen und dem Haufen Geld für die Behandlung, hat dieser Umstand viele positive Dinge in mein Leben gebracht! Die regelmäßigen Insulin-Spritzen haben meinen Alltag in einer Weise strukturiert, die ich damals gebraucht habe, um mich weiter zu stabilisieren. Die häufig notwendigen Blutzuckermessungen an ihren geduldigen Öhrchen zwangen mich dazu, so oft es ging zuhause zu sein, mich zuhause zu zentrieren und anzukommen. Letztlich bei mir selbst. Dies passierte genau in einer Zeit, in der ich viel durch die Welt geschwebt bin, ohne einen inneren Anker zu haben. Über ein Katzendiabetes-Forum kamen einige neue Menschen in mein Leben, die bis heute gute Freunde sind. Der Austausch mit diesen Menschen, die nicht wie andere aus meinem Freundeskreis entweder Mitpatienten oder Sozialpädagogen waren, hat meinen Horizont explosionsartig erweitert. Ich würde sagen, diese Katze hat mein Leben gehörig auf den Kopf gestellt - zum Positiven! Das war die Kehrseite von Schmerz, Leid und Sorgen, die der Diabetes mit sich brachte.

Bis heute empfinde ich eine tiefe Dankbarkeit für ihr Wirken in meinem Leben. Meine Vermutung war lange, dies würde rein zufällig geschehen. Es wären

Bert: „Die seelische Schwingung und Beschaffenheit – Deine und die der Katzen – ist sehr ähnlich. Der Gleichklang, die entstehende Harmonie, bringt Prozesse in Gang und erleichtert Entwicklung. Hast Du Dich jemals gefragt, warum die einen sich zu Hunden hingezogen fühlen, die anderen zu Pferden oder Katzen? Es ist eine Resonanz in einem sehr feinstofflichen Bereich. Die Schwingung der Seele manifestiert sich in der Form des Körpers. Du hättest ebenso als eine Katze in die Welt gehen können, doch die Aufgaben waren etwas anders gewählt. In uns hast Du eine Heimat gefunden. Es war Deine Berührung mit der Quelle deines Seins, dessen Ursprung woanders liegt, als Du es dir vorstellst. Es gibt ein karmisches und sogar kosmisches Bündnis der Seelen.

Die Lebensaufgaben zu entfalten ist also eine Erfüllung, keine Belastung. Selbstverständlich wollte Tinka sich keinen neuen Menschen suchen! Das ist Menschen-Denken.“

Nebeneffekte, die mir nur auffallen, weil ich hingucke und die Tendenz habe, ausgiebig zu reflektieren. Möglicherweise mischen sich Katzenpfötchen genauso in die Leben ihrer Menschen überall auf der Welt und es wird nur noch nicht so viel darüber gesprochen. Es steht immerhin selten in einer Zeitung und es wird nie im Fernsehen darüber berichtet.

Eine Freundin kommt drei Wochen nach der Diagnose zu Besuch, um etwas Beistand zu leisten, da zu sein, und - das bleibt unausgesprochen - sich von Bert zu verabschieden. Es ist schön, dass Bert sich auch von Menschen-Freunden verabschieden kann. Die Freundin versteht meine Liebe zu Bert, aber nicht meine „Methoden". Ihr Blick fällt, als sie Bert auf seinem Sofa krault, auf die Sieben-Chakren-Kerze mit extra langer Brenndauer. Auf meine Erklärung, dass die Kerze uns bestimmt unterstützt, guckt sie mich mit einer Mischung aus Verständnislosigkeit und Genervtheit an. Sie kennt diese Seite von mir nicht, die eine Verbindung zu spirituellem Wissen wahrnimmt. Ich kann es nicht so richtig einordnen. Wortwörtlich sagt sie: „Muss ich mich jetzt anschnallen?" Traurig begreife ich, dass dieser Moment nicht nur ein Abschied von Bert ist, sondern auch von einem Teil von mir, den ich nun schützen möchte.

So wird es in der Zeit, in der Bert stirbt, ein klein wenig einsamer um mich herum. Denn ich werde mich nicht mehr für die Liebe zu meinen Katzen rechtfertigen oder schämen. Mich stärkt die Bedingungslosigkeit in dieser Verbindung - wobei ich mich nun frage: Ist es Bedingungslosigkeit?

Die Bedingung in dieser Beziehung sind Rücksichtnahme, Achtsamkeit und Respekt. Die Katzen bewerten andere Aspekte. Nicht, ob ich dick, eloquent oder schick gekleidet bin. Oder spirituell. Sie honorieren meine Ruhe und meine Sensibilität mit Vertrauen und Nähe. So rücken die Katzen jetzt noch näher an mich heran und ein paar Menschen weiter weg.

Bert: „Du bist nicht einsamer geworden, Du warst es zuvor bereits. Zumindest für Dein Verständnis. So sehr Du es Dir auch immer schon gewünscht hast, es gab diese Verbindung zu vielen Seelen nicht. Aber Du warst niemals allein. Du bist umgeben von Energien, Wesen und Begleitern, die Du oft gar nicht wahrnimmst. Deine eingeschränkte Sichtweise ist es, die dich einsam fühlen lässt und Dich schwächt. Die Konzentration nun auf Dich und auf Dein, auf unser Leben, war deshalb ein wichtiger Schritt, um Dich mit Dir selbst in Verbindung zu bringen, authentischer zu werden."

Und es wird ruhiger. Plötzlich sehr viel ruhiger. Bert liegt am Ende des Sofas und schläft. Also eigentlich versucht er zu schlafen, doch ich habe den Eindruck, dass er nicht so richtig entspannen kann. Was stört ihn? Tut ihm etwas weh? Seine Gesichtszüge sehen nicht so aus, als wären sie schmerzverzerrt. Der Körper ist entspannt, die Hinterpfoten hat er neben sich abgelegt, eine seiner Vorderpfoten verschwindet unter dem Fell, die andere streckt er vor sich aus. Es sieht insgesamt entspannt aus. Doch die Ohren bewegen sich, zucken, sind leicht nach hinten gebogen. Irgendetwas nervt ihn. Mir fällt auf, dass der Fernseher nur drei Meter von ihm entfernt vor sich hin flimmert und eigentlich ganz schön laut ist. Also laut vermutlich dann, wenn man diese Geräusche mit Katerohren hören, ertragen muss, die sechsmal feiner sind als meine eignen. In diesem Moment, in dem ich es mir vorstelle, empfinde ich die Dialoge aus der Fernsehserie als ein laut dröhnendes Geschrei. Eigentlich verstörend, wenn man es mal bewusst wahrnimmt. Armer Bert. Da will man nur in

Ruhe sterben und ist so einem Lärm ausgeliefert. Kein Wunder, dass er es draußen als angenehmer empfindet! Der Fernseher bleibt von nun an also aus. Ein wenig schäme ich mich jetzt vor Bert, als mir auffällt, dass der Fernseher hauptsächlich als Geräuschkulisse dient. Als es eine Weile ruhig in der Wohnung ist, bemerke ich außerdem, wie mir die Ruhe selbst guttut. Wie ein Stressfaktor, der auf einmal wegfällt. So unnötig. Es war nur eine Angewohnheit: Nach Hause kommen, Fernseher an, möglichst so laut, dass die eigenen Gedanken übertönt werden.

Bert: „Erinnerst du Dich an Deinen sehr alten Wunsch, Dich als Eremit in einen Wald zurückzuziehen? Unsere Wünsche sind keine Hirngespinste, sie sind Wegweiser. Schau genau hin und lerne, sie zu lesen! Zu dieser Zeit war ich sehr froh, dass Du die Zeichen verstehen konntest und Dein Geist sich wieder öffnete."

In dieser Ruhe sortiere ich meine Gedanken. Was ich gerne lese in schweren Zeiten, sind die universellen Lebensgesetze, die Dan Millman in seinen Büchern beschreibt. „Das Gesetz des schrittweisen Vorgehens" beinhaltet, wie man jedes Ziel systematisch erreichen kann, durch kleine Schritte, die im Vertrauen gegangen werden. Ich muss mir heute noch kein Schreckens-Szenario vorstellen, wie Bert am Ende sterben wird. Ich kann Tag für Tag überprüfen, welche Unterstützung er braucht. Es ist nicht nötig, jetzt bereits in Trauer zu verharren, wenn er doch gerade neben mir liegt und leise schnarcht. Jeder kleine Schritt ist eine Vorbereitung und bereitet ein Fundament in mir, das mich tragen wird.

Komischerweise hat der Computer in diesen Tagen keinerlei Verlockung für mich. Das ist sehr untypisch für mich. Sonst möchte ich immer so viel wie möglich wissen und Informationen einholen. Ich ahne aber, dass es mir in dieser Situation nichts bringen würde, mich überfrachten würde mit Informationen, die wahrscheinlich auch noch komplett widersprüchlich sind. Und es würde mich ablenken von meinem Gefühl für Bert.

Meine Odyssee damals mit Tinka und ihrem Diabetes hat in mir eine Skepsis Tierärzten gegenüber hinterlassen. Erst beim achten Tierarzt stimmten für mich das Fachwissen und die Art der Zusammenarbeit mit mir - diejenige, die das Tier kennt und rund um die Uhr wahrnimmt - überein. Ich hatte damals viele Empfehlungen zum Umgang mit dem Diabetes bekommen, die mit aktuellem Wissen zu der Krankheit nicht gut zusammengepasst haben und die teilweise für Tinka auf kurz oder lang tödlich gewesen wären! Das war auch ein wichtiger Entwicklungsschritt: Nicht zu allem Ja und Amen sagen, sondern mich das Nein trauen! Zu sagen: „Nein, ich will nicht, dass diese Katze jetzt diese Spritze bekommt." Das Wohl meiner Katze war wichtiger als meine Angst vor Ablehnung. Es war damals ein kleiner Satz, und ein riesiger Schritt für mich!

Nun mit Bert habe ich nicht den Impuls zu hinterfragen oder gar eine Zweitmeinung einzuholen. Da sind keine Zweifel an der Diagnose. Es ist weniger das Vertrauen in die Tierärztin und diesen Befund, als eine innere Gewissheit. Oder beides in Kombination. Für das Gespräch mit einer befreundeten Biologin bin ich sehr dankbar. Es genügt mir, um keine weiteren Gedanken mehr in Recherche zu stecken oder Zeit in Google zu investieren. Möglicherweise kommt dieses intuitive Wissen auch mehr von Bert? Ist es Berts Wunsch, in Ruhe gelassen zu werden - und ich bin tatsächlich mit ihm verbunden, sodass ich

> 
>
> *Bert: „In meinem Sterben hat sich das Buch des Lebens geöffnet. Es lag vor uns, wir konnten beide darin lesen, weil wir verbunden waren. Wahrheit und Weisheit lagen genau vor Deinen Augen. So war es leicht, zu sehen, was ist. Sterben ist im energetischen Sinne eine besondere Zeit, auch die Hellsinne öffnen sich. Wenn Du es zulässt."*

seine Bedürfnisse wahrnehmen kann? Ich kann nicht genau zuordnen, woher dieses Wissen kommt.

Ich lese das „Gesetz des Nachgebens". Dan Millman schreibt, es geht darum, im Einklang mit einem höheren Willen zu leben und die Herausforderung zu nutzen, um innerlich zu wachsen. In seinem Buch für Kinder, „Das Geheimnis des friedlichen Kriegers", verwendet er ein eingängliches Bild: Die Äste eines Baums im Sturm bewegen sich mit dem Wind. Würden sie sich dagegen lehnen, könnten sie brechen. So kann ein Baum heftige Orkanböen überstehen. Lehnen wir Menschen uns gegen unausweichliche Tatsachen und Begebenheiten, wie Sterben und Tod, wird dieser Widerstand Leid erzeugen. Der Schlüssel ist die Akzeptanz. Ich beuge mich diesem Sturm, um flexibel zu bleiben und weiter gehen zu können. Es ist kein Aufgeben. Mich an diese universellen Gesetze zu erinnern, sie wieder im Bewusstsein zu verankern, macht mich innerlich weicher, vertrauensvoller und ich fühle mich getragen von einem liebenden Kosmos. Die Widerstände wandeln sich. Diese Zeit mit Bert ist wie ein Geschenk. Ich erkenne, wie kostbar sie ist.

Obwohl ich keine Suchbegriffe wie „Tumor", „Katze" oder „sterben" ins Internet eingebe, schlägt Facebook mir wie aus dem Nichts ein Webinar vor. Eine Tierkommunikatorin bietet in ein paar Tagen einen Info-Abend an über Tierkommunikation. Ich stelle mir vor, wie die Tierkommunikation in dieser Phase unterstützen kann, besser herauszufinden, was Bert sich wünscht und was er braucht.

Ich erinnere mich dabei an meine erste Berührung mit der Tierkommunikation. Als Tinka krank wurde, versuchte ich den Sinn dahinter zu verstehen und zu erfahren, wie es ihr selbst damit geht und wie sie all die Maßnahmen und das Leben mit mir empfindet. 2008 gab es nicht viele Tierkommunikatoren und noch weniger mit einem Webauftritt – doch ich fand Susanna. Ich bekam die Durchgaben von Tinka damals als Gesprächsprotokoll. Ich kann nicht sagen, wie oft ich mir das alles durchgelesen habe. Ich war sehr berührt davon.

Im Gegensatz zu den meisten Menschen stellte ich mir nie die Frage, ob Tiere eine Seele haben könnten. Wer mit einem Tier zusammenlebt und es sieht und fühlt, kennt diese Antwort. Aber konnte es sein, dass es noch viel mehr Ähnlichkeiten zwischen uns gibt, dass wir auf der Seelen-Ebene vollkommen gleich sind?

Die Durchgaben von Tinka waren viel tiefer und wissender, als ich es mir vorgestellt hatte. So war sie der Meinung, ich hätte sie während des Umzugs nach einem Streit in der Wohngemeinschaft nicht weggeben sollen, denn ihr Platz sei an meiner Seite, sie hätte mich unterstützen können. Meine Bemühungen, sie in verschiedenen Dingen zu schonen, kommentierte sie mit: „Schließe mich nicht aus." Das passt gut zu Tinka. Aber waren es letztlich nur die fantasievollen Gedanken dieser Frau, die sagt, sie könne mit Tieren sprechen? Gepaart mit viel Empathie und einem Gespür dafür, was ich von meinem Herzenstier gerne hören möchte? Ich schwankte zwischen den Zweifeln und der Faszination angesichts dieser Dimension der Verbundenheit, bis ich ein Wochenend-Seminar dieser Tierkommunikatorin besuchte.

Funktioniert Telepathie? Die erste Übung im Kurs nach einigen einleitenden Worten über die Theorie versetzte mich in pure Fassungslosigkeit. Wir saßen in der großen Runde zusammen und wurden zu einer paarweisen Übung angeleitet. Einer ist Sender, der andere Empfänger. Nun schickt der Sender gedanklich seinem Gegenüber das Bild einer Rose. Und ich dachte mir damals: „Was soll das denn jetzt beweisen? Alle im Raum wissen, dass das gesendete Bild eine Rose sein wird! Nichts daran ist geheimnisvoll oder telepathisch." In diesem Moment spürte ich, wie Enttäuschung sich in mir ausbreitete. Auf was war ich hier reingefallen? Als meine Übungspartnerin mir meine gesendete Rose beschrieb und ich ein bisschen lauschte, was die anderen sich für Rückmeldungen gaben, begriff ich: Jede Rose sah ganz einzigartig aus! Keine Beschreibung glich der anderen und viele Details sind einfach so beim Empfänger angekommen, wie sie vom Sender ausgedacht waren! Es gab schwarze Rosen, rote, gelbe, mit und ohne Dornen oder Knospen. Keiner hier im Raum hatte irgendetwas vorher abgesprochen. Es war so kinderleicht!

Am nächsten Morgen - ich war bis dahin fest überzeugt, ich selbst könnte vermutlich keine Botschaften von einem Tier empfangen - sollten wir den verstorbenen Kater der Seminarleiterin bitten, sein Zuhause zu beschreiben. In der Erwartung, nichts zu sehen, hören oder fühlen, sah ich vor meinem inneren Auge sehr deutlich eine Napfunterlage, die leider genauso aussah, wie die von Tinka. Dies war der Beweis, dass es sich bei der Tierkommunikation nur um die eigenen, bereits bekannten Bilder handeln kann. Ich bat dennoch die Seminarleiterin, mir zu sagen, welche Unterlage sie am Futterplatz hätte. Es war tatsächlich die gleiche. Es gab noch weitere für mich verblüffende Übereinstimmungen der Bilder, die bei mir entstanden sind, mit den Erzählungen der Tierkommunikatorin.

So nahm ich damals die Erfahrung mit, dass Tierkommunikation funktionieren kann. Bei vermutlich allen Menschen, außer bei mir. Dass diese Schlussfolgerung unlogisch war - immerhin hatte es ja anscheinend funktioniert - fiel mir die ganzen Jahre nicht auf. Ich hatte es nicht vergessen, aber war nicht auf die Idee gekommen, mich nochmal aktiv damit zu beschäftigen oder nochmal ein Seminar zu besuchen. Ich hielt mich einfach für nicht sehr talentiert. Doch der Hinweis auf einen Abend über Tierkommunikation auf Facebook kann wohl kein Zufall sein. Ich melde mich sofort an.

Bert: „Immer wieder: Dir selbst zu vertrauen, war die größte Hürde, die es zu bewältigen galt. Dafür kam die Tierkommunikation in Dein Leben. Wir haben es Dir vorgelebt. Katzen vertrauen hauptsächlich sich selbst – den eigenen Fähigkeiten, den Supersinnen, der sehr klaren Wahrnehmung auf den unterschiedlichen Ebenen.

Gelegentlich ist es nützlich, dieses Vertrauen auch anderen zu schenken – so wie ich mich auf Deinen Schutz verlassen und ihn genossen habe. “

Die Vorstellung, Bert noch ein wenig besser unterstützen und verstehen zu können, füllt mich mit Freude aus.

So sitzen Bert und ich zwei Tage später gemeinsam am Computer, so wie zwanzig andere Menschen, die mehr über die Tierkommunikation wissen möchten. Wir hören eine kurze Erklärung, dass die telepathische Kommunikation überhaupt nichts Neues oder Ungewöhnliches ist. Die Aborigines in Australien und alle Naturvölker seien besonders gut darin und nutzen sie bei der Jagd. Aber auch jeder aus dieser Runde kannte Situationen, in denen man sich beobachtet fühlt und intuitiv an der Häuserwand nach oben sieht, und erkennt, dass man von dort aus einem Fenster heraus tatsächlich angestarrt wird. Oder man denkt an jemanden und prompt klingelt das Telefon und dieser Jemand ist am Apparat. Es gibt zweifelsohne unsichtbare Verbindungen. Die Theorie der morphogenetischen Felder – Energiefelder, die alles umgeben – lassen dies alles schlüssig erscheinen. So kommunizieren wir, weil wir alle miteinander verbunden sind, und uns auf große Entfernungen in das Feld eines anderen einwählen können. Telepathische Telefonate mit Tieren also. Die Leiterin des Abends sagt, wir müssen die Tierkommunikation nicht neu erlernen, sondern uns nur wieder erinnern, wie wir diese Antennen nutzen können. Kinder sind oft sehr viel schneller und präziser in den Tiergesprächen. Allmählich verstehe ich auch: Der Abend ist kein Angebot gegen Langeweile, sondern eine Werbung für eine kleine Ausbildung. Die Tierkommunikatorin erwähnt eher nebenbei, dass ihr Schwerpunkt die Sterbebegleitung von Tier und Mensch ist. Das ist für mich ein Zeichen, an der richtigen Adresse zu sein. Das Webinar ist großartig! Die Tierkommunikatorin hat noch gar nicht zu Ende gesprochen und ich bin schon angemeldet zu ihrem Basiskurs. Mit dabei ist ein Tiergespräch, also eine exklusive Begleitung. Der Kurs beginnt erst in drei Wochen, ich hoffe, uns bleibt noch so viel Zeit und Bert kann davon profitieren.

Nach dem Webinar fühle ich mich bestärkt in meiner Verbindung zu den Katzen. Gerne wäre ich nur noch bei Bert in seiner letzten Lebensphase. Doch ich befinde mich im Wechsel zwischen den Welten – der normalen dort draußen, mit der Erwartung zu funktionieren, und meiner Welt, die eigentlich nur diesen Kater spüren und begleiten möchte auf seiner einzigartigen Reise. Wie schön wäre es, gäbe es einen gesellschaftlichen Konsens, für Menschen und Tiere am Lebensende da sein zu können und dafür von allen Verpflichtungen befreit zu werden! Wie würde sich eine Gemeinschaft verändern, wenn dies ein Wert wäre, der von allen getragen wird?

Bert bekommt eine weitere Cortison-Spritze, als ich zehn Tage nach der letzten den Eindruck habe, er verändert sich und ist wieder irgendwie „zusammengezogen".

Ohne weitere Untersuchungen, mit nur wenigen Fragen und keinen Neuigkeiten bleibt der Termin sehr kurz. Bert entspannt sich wieder, frisst besser. Mein Bedürfnis ist, nicht auf längere Zeit hinaus zu planen. Doch ein Vortrag in Darmstadt steht in der nächsten Woche an und, wenn die Situation es gerade zulässt, möchte

Bert: „Du verhedderst Dich immer in Zweifeln. Na klar ist es kinderleicht. Wir kommunizieren ständig. Es wartet eine Aufgabe, vor der Du Dich nicht verschließen solltest. Nutze Dein Potenzial, es wird Dich glücklich machen. Es ist der Schatz auf dem Meeresgrund. Was ist sinnvoller als glücklich sein? Das ist wichtig zu verstehen. Was macht Dich glücklich? Das ist ein Wegweiser, der Dir Orientierung geben soll. Eine Pflanze wächst stets nach dem Licht.

Beginne, Dein Leben neu zu sortieren, und Du wirst erstaunliche Dinge feststellen.
Du wirst den Tod hautnah erleben und gleichzeitig glücklich sein können. Leben und Tod können gemeinsam an einer Tafel sitzen und das Essen genießen. Das ist eines der Geheimnisse des Lebens. Entdecke es!"

ich nicht absagen. Also sitze ich Anfang Juni, dreieinhalb Wochen nach Berts Diagnose, tatsächlich im Auto, um die zweihundertfünfzig Kilometer zu fahren. Mir kommen diese Stunden weg von zu Hause unendlich lang vor. Zeitempfinden ist ein komisches Phänomen. Aber irgendwie gelingt es, diese Aufgabe zu bewältigen. Den Umständen entsprechend meisterte ich diesen Tag gut und bin sehr froh, als ich spätabends für die Rückfahrt wieder im Auto sitze.

Ich hoffe, Bert an diesem Abend noch zu sehen. Inzwischen gelingt es mir, innerlich nicht durchzudrehen, wenn er lieber draußen ist. Er ist nicht da und ich sehe ihn wieder für mehrere Tage nicht. Mal lenke ich mich ab, dann nutze ich diese Zeit bewusst, um für mich und die anderen Katzen etwas Gutes zu tun, gehe sogar mal zum Friseur. Auch wenn solche Dinge keine Priorität haben, so ist Normalität doch auch eine Zutat für Stabilität.

Ich vermisse Bert und halte immer wieder nach ihm Ausschau. Ein weiteres Mal finde ich mich nach vielen Tränen und einem inneren Abschied im Garten wieder und suche zum vierten Mal einen toten Bert. Als ich in die Küche zurückkomme, sitzt er gerade überaus lebendig auf dem Küchentisch und wartet auf sein Essen.

Er frisst immer kleinere Portionen und wird deutlich dünner. An einem Nachmittag, den wir gemeinsam im Garten unter strahlend blauem Himmel verbringen, sehe ich, dass sein Gesicht nur auf den ersten Blick plüschig wie immer aussieht. Sein roter Pelz verbirgt zunächst, dass die Wangen stark eingefallen sind. Ich erkenne seine Wangenknochen und es sieht für mich kurz so aus, als könnte ich einen Totenschädel in seinem Gesicht erkennen. Ich erschrecke mich. Wir können diesen Kampf nicht gewinnen - und dennoch diesen gemeinsamen Moment unter der Sonne genießen. Ich lasse ihn, biete ihm Leckereien an, aber er entscheidet selbst. Ich dränge ihm nichts auf. Sein letzter Gedanke soll nicht sein: „Befreit mich von dieser irren Frau!"

Die Dinge dürfen ihren Lauf nehmen. Ganz nach dem Gesetz der Zyklen: „Die Jahreszeiten drängen einander nicht und auch die Wolken jagen den Wind nicht über den Himmel. Alles geschieht zu seiner Zeit; alles steigt und sinkt und steigt wieder wie Meereswellen in den Zyklen der Zeit", so schreibt es Dan Millman.

Es ist ein Tanz nach dem Rhythmus der Natur. Bert stirbt nicht, er tanzt!

Bert: „Wir sind seit jeher verbunden, über viele Leben und Welten hinweg. Alle Seelen stehen in Verbindung, es ist ein gigantisches Netz, das das Vorstellungsvermögen sprengt.

Uns verbindet die Liebe. Wir dienen einander. Was wir aneinander erbringen, entzieht sich der irdischen Bewertung. Du hast Veränderungen in meinem Leben und in meiner Seelenentwicklung bewirkt und so tue ich es für Dich. Du hast mir stets Sicherheit, Geborgenheit und Liebe gegeben. Nun gebe ich dringend notwendige Veränderungen in Deinem Leben zurück. Du darfst glücklich sein, so wie ich es immer war.

Warum zweifelst Du das Offensichtliche immer wieder an? Meine Aufgaben in Deinem Leben offenbaren sich gerade erst und entfalten eine weitreichende Wirkung erst später."

Kapitel 5 – *Fünfte Woche*
Unsere Zeit läuft ab

WIE GEHT STERBEN?
WIE GEHT ABSCHIED?
WAS BRAUCHEN KÖRPER UND SEELE?

In der fünften Woche nach der Diagnose höre ich beim Versuch einzuschlafen merkwürdige Geräusche aus dem Wohnzimmer. Schon wieder. Das fing vor ein paar Tagen an und ich kann es immer noch nicht zuordnen. Eine der Katzen gibt schräge Töne von sich. Es ist ein tiefes, lautes Jaulen, als hätte das Tier starke Schmerzen. Dann kommen ein langgezogenes Miauen und ein hohes Piepsen. Es folgt ein Gurren, das zu einem schrillen Ton wird, mehrmals hintereinander und im Wechsel. Ich hatte das zuvor noch nie gehört. Die verschiedenen Töne wechseln sich ab, sodass es klingt wie ein Gesang. Es wirkt teils leidvoll, dann aber übermütig und lieblich. Und es kam immer nur, wenn ich abends im Bett lag. Jedes Mal war ich sofort aufgesprungen, um nachzusehen, ob es Schmerzlaute von Bert sind. Doch wenn ich im Wohnzimmer stand, waren alle stumm wie die Goldfische. Vier Katzenaugenpaare guckten mich an, als käme ich direkt von einem anderen Stern – oder sie nutzten mein Erscheinen für eine Leckerli-Bestellung. Keiner verriet mir, wer es war. Heute löst es sich auf. Weil Ernie und Bert neben mir im Bett liegen, können sie es nicht sein. Smilla hatte ich erst vor einer halben Stunde durch die Katzenklappe schlüpfen gehört.

Es ist also Lucy. Während sie diese Melodie von sich gibt, tanzt sie mit einem schwarzen Plüsch-Ball durch die Wohnung. Eine kleine Opernsängerin probt für den großen Auftritt!

Ich bin erleichtert, dass es nicht Bert ist, der diese Töne von sich gibt. Was würde ich tun? Es wirkt bei Lucy, als wäre dies ein Ausdruck von Fröhlichkeit. Bei Bert wäre ich verunsichert und würde meiner Wahrnehmung vermutlich nicht trauen. Würde ich ihn dann zum Tierarzt bringen und vielleicht ein Schmerzmittel auf Verdacht geben? Bert macht keine außergewöhnlichen Laute. Ich habe keine Anhaltspunkte dafür, dass er Schmerzen hat. Und doch ist er verändert. Er wirkt mehr in sich gekehrt, mit sich selbst beschäftigt. Er hat weniger Interesse an den Geschehnissen um ihn herum. Würde ich merken, wenn er etwas braucht? Könnte ich ihn doch nur fragen!

Ich bin mir unsicher, ob meine Anmeldung zum Basiskurs über die Tierkommunikation angekommen ist, und schreibe der Seminarleiterin Claudia eine Mail. Als ich am nächsten Nachmittag nach Hause komme, spricht sie gerade auf den Anrufbeantworter und ich hebe den Telefonhörer von seiner Station. Es fühlt sich fremd und gleichzeitig heilend an, mit jemanden zu sprechen, der die tiefe Beziehung zu meinen Tieren wirklich versteht, nicht verurteilt, und mich zudem in meinem Weg bestärkt. Ich habe das Gefühl, endlich richtig zu

Bert: „Wir haben immer unsere Wege, uns mitzuteilen. Es gibt viele Kanäle, viele Sprachen, und eine immerwährende Verbindung. Du musst nichts lernen oder können. Liebe und Vertrauen sind der Schlüssel. Ich hätte Dich wissen lassen, wenn ich Deine Unterstützung gebraucht hätte."

sein. Zum ersten Mal seit Beginn der schweren Wochen fühle ich mich verstanden und unterstützt. Wir vereinbaren, dass ich meine Fragen für das Gespräch mit Bert für Claudia formuliere und sie es führt, sobald sie Zeit dafür findet. Sie schlägt auch vor, ich könnte einen Brief an Bert schreiben, den sie ihm übermitteln würde. Meine brennendsten Fragen sind, ob er Schmerzen hat, und was wir für seinen Körper oder seine Seele tun können. Hat er Wünsche für den Abschied? Und könnte er vielleicht noch etwas zu seiner Lebensaufgabe sagen?

Nun ist das Erleben von Zeit wohl verändert, wenn der Tod hinter einem herläuft. Auf der einen Seite bin ich für diese Möglichkeit dankbar, gleichzeitig kommen mir die Tage bis zu dem Telefonat mit Claudia unendlich lange vor. Was ich von dem Gespräch erwarten kann, weiß ich nicht genau. Tierkommunikation kann funktionieren. Ich habe das selbst schon erlebt – dabei bin ich ungeübt darin, die Botschaften, die vom Tier kommen, von den eigenen Gedanken zu unterscheiden. Jemand, der seit vielen Jahren Tiergespräche führt, ist vermutlich präziser im Empfangen und Übersetzen. Doch Tiere können auch den Kontakt ablehnen. Ich kann meinen Bert nicht gut einschätzen. Ist er offen dafür? Will er etwas mitteilen? Welche Art von Antworten wird kommen? Ist er in seiner Krankheit „gefangen" und hat überhaupt keinen Nerv, sich mit

Bert: „Ich habe darauf gewartet, Deine Fragen auf diesem Umweg zu beantworten. Du wusstest die Antworten bereits, aber Du glaubtest Dir selbst nicht. Mir war der Plan bewusst und ich wusste, was vor sich geht. Unsere Seelen haben das Regiebuch gemeinsam verfasst! Deine Zweifel haben mich aufgeregt und amüsiert."

den menschlichen Fragen zu beschäftigen? Ist er ein Kater, der nachdenkt? Was geht in diesem Köpfchen und in dieser Seele vor? Als Bert eingezogen ist und wir die ersten Kuschel-Stunden auf dem Sofa verbrachten, fiel mir auf, dass seine Kopfform ganz anders ist, als ich es von Tinka kannte. Seine Stirn ist sehr flach und lang - er bekam deshalb den Kosenamen „Flachkopfkater". Und manchmal befürchte ich, in diesem flachen Köpfchen haben nur sehr wenige kluge Gedanken Platz. Es war einfach nur die Form seines Kopfes, die mich auf diese Idee gebracht hat. So halte ich vor dem Termin mit Claudia, in dem sie mir vom Bert-Gespräch berichten wollte, alles für möglich. Und nichts.

Am Freitag, 11. Juni, ist es endlich so weit. Claudia wird mit Bert schon Kontakt aufgenommen haben. Am Vormittag begleite ich eine junge Frau zum Arzt, auch wenn es mir viel abverlangt, konzentriert bei ihr zu sein. Als ich nach dem Termin in die Garage fahre, schiele ich in den Garten, sehe aber keinen Bert. Nachdem alle anderen Katzen gesichtet und versorgt sind, läutet endlich das Telefon. Der extra teure Block mit dem lustigen Hasen auf jeder Seite, den ich vor zwei Jahren auf einem Markt gekauft habe, wartet bis zum heutigen Tag auf seine ganz besondere Aufgabe. Nun ist es so weit. Ich kann mir keine bessere Verwendung vorstellen. Hektisch versuche ich nun, kein wichtiges Detail zu überhören und alles mitzuschreiben. Auf die Frage von Claudia, ob ich am Vormittag eine Reaktion oder etwas Ungewöhnliches bei Bert bemerkt hätte, kann ich keine Antwort geben und es ärgert mich ein wenig, denn es hätte für mich ein Beweis sein können, dass dieses Experiment wirklich funktioniert. Fast atme ich nicht mehr, so konzentriert und schnell notiere ich Claudias Durchgaben.

Bert hat bereits gewartet und wusste, dass mich diese Fragen beschäftigen. Er kennt jeden Gedanken von mir und sieht mich. Claudia beschreibt ihn als sehr ernst und er hatte einiges zu sagen. Sie erzählt mir, er habe sich entschieden, dass ich ihn auf diesem letzten Weg begleiten soll. Er meint, ich könne nicht gut verkraften, wenn er plötzlich stirbt. Es würde sehr lange dauern, bis ich es verarbeitet hätte. Deshalb habe er entschieden, dass ich ihn begleiten solle. Er sei stolz auf mich, meinen Weg und meine Entwicklung. Auf die wichtigste Frage „Wie geht es dir?" sagte er: „Gut, es geht mir gut." Er bemängle, dass ich oft zu ihm sage, dass er gehen darf. Er stelle sich die Frage, ob ich die tiefe Bedeutung spüre. „Du sagst diese Worte, aber du fühlst sie nicht." Es wäre ja nicht schlimm, er wollte mich nur darauf aufmerksam machen, erklärte Claudia mir. Bert spricht laut ihr sehr liebevoll von seinem Tumor. „Meine Wutkugel hat es sich bei mir und in mir gemütlich gemacht. Sie ist nicht aufzuhalten." Auf die Frage, was wir für seine Seele tun können, sagte er: „Ändere nichts und lebe weiter, als ob nichts wäre. Du hilfst mir bereits, wir sind ein Team. Ich brauche nichts." Und auf die Frage, wie er sterben möchte, meinte er: „Woher soll ich das wissen? Es wird sich zeigen. Ich habe alles im Griff. Es ist die Zeit, in der sich vieles verändert. Ich lasse mich treiben, mein Körper verändert sich sehr schnell. Sei vorsichtig mit Berührungen. Es gibt sonst nichts, was mich stört." Claudia beschreibt, sie habe eine milde Schwere wahrgenommen, aber keine Schmerzen beim Körperscan. Bert habe in dem Gespräch sogar etwas zu seiner Lebensaufgabe gesagt: „Die kennst du bereits. Ich bin der Vermittler und für Kommunikation zuständig. Mit Würde. Ich bin der Heiler, ich helfe den anderen und Dir, tiefe Verletzungen zu lindern. Ich helfe, in eure Kraft zu kommen. Ich helfe in der Traurigkeit und bei Depressionen. Ich bin das Licht und Leichtigkeit." Er werde das Leben bis zum letzten Atemzug genießen, versichert mir Claudia seine Einstellung. Er sei sehr zufrieden mit dem, was er erreicht hat. Auf die Bitte, sich öfter zuhause blicken zu lassen, meint er, er verstehe den Wunsch, aber er könne nichts versprechen. Er möchte sich verabschieden von den wichtigen Orten seines Lebens. Ich wollte wissen, ob Cindys plötzlicher Tod ihm damals Angst gemacht hat und ob er selbst nun Angst hätte zu sterben – doch noch während ich die Antworten von Bert erfahre, weiß ich, wie lächerlich diese Frage war. „Die Situation war sehr schlimm für Dich! Für mich war es merkwürdig, ohne sie hier zu sein. Wozu sollte ich Angst haben? Ich habe keine Angst vor der Natur, vor der Geburt. Du hast Angst davor, ich versuche sie Dir abzunehmen. Was Du fühlst, fühle auch ich." Es ist gut, wie es ist, versichert mir Claudia. „Mit dem Cortison bin ich gut eingestellt", habe Bert gesagt. „Ich weiß zu schätzen und bin dankbar, dass Du mir die Wahl lässt. Der Tod ist nicht das Ende, die Liebe bleibt für mich. Ich liebe Dich."

Lange bleibe ich nach dem Telefonat regungslos sitzen. Immer wieder kommt ein Schwall Tränen. Mein Bild von Bert puzzelt sich neu zusammen. Ich hatte es die ganze Zeit falsch zusammengefügt. Jetzt ergibt alles Sinn. So hatte ich Bert nicht gesehen, so weise, so klug. Ich habe etwas davon immer gefühlt, doch mein Verstand hat diese Wahrnehmung klein gemacht. Ich sehe Bert neu. Irgendwie ohne die „Es ist wahrscheinlich nur eine Katze"-Brille. Wenn er vor mir sitzt, vollkommen ruhig und gelassen, dann ist es wirklich die Stärke, die ich in ihm wahrnehmen kann. Die Kraft seiner Persönlichkeit. Es wird vieles so klar, wenn ich ihn mit diesem Wissen betrachte.

Claudia und ich sprachen noch eine Weile über das Sterben. Es gibt Sterbephasen, bei Menschen genauso wie bei den Tieren.

Es ist hilfreich, sie zu kennen, um das Verhalten und Veränderungen besser einordnen zu können. Um nicht zu erschrecken.

Ein paar Basics kann ich mir merken und lese später noch im Internet auf verschiedenen Seiten dazu: Es ist völlig normal, dass die Aufnahme von Nahrung eingestellt wird. Die Tiere sterben nicht, weil sie nichts mehr fressen – sie fressen nicht mehr, weil sie sterben. Es ist wichtig, damit die Organe ihre Arbeit einstellen können. Eine Zwangsernährung oder Infusionen stören diese natürlichen Abläufe und können das Sterben hinauszögern und Probleme bereiten. Tiere müssen ihre Energie loswerden im Sterbeprozess. So suchen sie häufig in den letzten Stunden kühle Orte auf, legen sich auf kalte Steinfliesen, anstatt ins warme Bett. Sie zuzudecken oder in den Arm zu nehmen wäre kontraproduktiv. Es ist das Bedürfnis des Menschen, dies zu tun, für die Tiere ist es meist unangenehm. Ähnlich ist es mit Geräuschen. Kurz vor dem Sterben kann es sein, dass sie sehr ungewöhnliche Laute von sich geben. Auch das hat damit zu tun, dass die Energie hinaus will und muss. Viele Tiere leben kurz vor dem Sterben nochmal auf, haben eine unruhige Phase, und es sieht dann danach aus, als werden sie wieder gesund. Sie sind dann aktiv, nehmen teil, fressen, rennen vielleicht durch die Wohnung, machen Dinge, die sie lange nicht konnten oder nicht mehr wollten. Man hat den Eindruck, sie blühen auf. Im Sterben kommen Körperprozesse in Gang, die helfen zu sterben. Es werden körpereigene Schmerzstiller, Endorphine, freigesetzt. Und so nehmen Tiere Schmerzen nicht mehr wahr. Auch die Atmung verändert sich – das Leben wird ausgeatmet.

Es werden an verschiedenen Stellen fünf Sterbephasen beschrieben. Doch das Sterben bleibt ein sehr individueller Prozess. Niemand kann vorhersagen, wie lange das Tier in welcher

Sterbephase ist, und es ist nicht immer einfach zu sagen, in welcher Phase es sich gerade überhaupt befindet. Es ist sogar möglich, dass ein Tier nochmal zu einer vorigen Phase zurückkehrt. Man hat eine grobe Orientierung, ist etwas vorbereitet, und doch kann alles ganz anders kommen. Wir können es nicht planen, nicht mit diesem Blick darauf.

Bert: „Menschen haben sich sehr entfernt von diesem Wissen. Es ist die Zeit, dies wieder ins Bewusstsein zu holen. Die Kinder lernen komplizierte Formeln in der Schule – wozu? Und warum lernen sie nicht einmal das kleine 1x1 des Lebens und Sterbens? Es würde euch mit anderen Augen durch das Leben gehen lassen. Die einzelnen Phasen und ihre Reihenfolge waren mir nicht wichtig. Im Sterben treten die Aufgaben klar zum Vorschein – wenn Du sie sehen willst. Denn Dein Herz ist offen, um zu lernen, Dein Geist macht sich bereit für einen großen Entwicklungsschritt. Darum ging es. Ich wollte eine Tür für Dich öffnen. Es war genau der richtige Zeitpunkt. "

Jedenfalls wird bei Bert sehr deutlich, dass er nun in den Sterbephasen weitergerückt ist. Es ist nicht von gestern auf heute passiert. Obwohl ich Bert ständig beäuge - zumindest, wenn er da ist -, geschieht diese Veränderung doch recht schleichend. Und sie ist schwer definierbar. Es ist keine Wunde, die größer wird, es sind keine Fähigkeiten, die nachlassen. Es ist nicht messbar, sondern spürbar. Er verhält sich ein wenig anders, ungewohnt. Er fühlt sich anders an. Er ist in einer anderen Weise präsent.

Bert verabschiedet sich. An einem Abend liegen alle im Hof, direkt vor den großen Küchenfenstern. Der schwarz-weiße Kater Bürgermeister taucht auf - er bekommt inzwischen regelmäßig sein Futter, nachdem ich herausgefunden habe, dass er ein Streuner ist. Doch manchmal gibt es Stress. Ernie will ihn hier nicht haben. Bert sieht ihn, aber bleibt gelassen liegen. Sonst hatte Bert immer allen anderen Katzen und Kater klar gemacht, dass sie hier nichts zu suchen haben. „Sollen sich die anderen kümmern", scheint er zu sagen. Als ob er die Welt betrachtet, wie sie ohne ihn wäre. Als säße er schon auf einer Wolke und wäre wohlwollender Zuschauer. Eine seltsame Distanz ist spürbar.

Bert: „Meine Aufgabe hatte nichts damit zu tun, körperliche Aspekte im Bewusstsein zu entwickeln. Weder bei mir noch bei Dir – obwohl hier ein großes Thema schlummert. Es war nur nicht meine Aufgabe; sie wartet an einer andren Zeit. Pflegen, dienen, zuwenden, dies sind sehr wertvolle Lernschritte und heilen Verstand und Körper desjenigen, der sie ausführt. Das Wunder des Lebens zeigt sich hier in körperlichen Ausprägungen. Doch es wird auch sichtbar in den Schwingungen der Seele. Für uns beide war wichtig, das Kapitel des Abschieds durchzunehmen – immer und immer wieder. Bis Du es ganz verinnerlichen konntest, dass der Abschied nur ein Abschied in Dir selbst ist. Denn die Trennung zwischen uns ist nur eine traurige Illusion. "

Und dies hat er vorher nie gemacht: Er liegt die ganze Nacht auf dem Sitz des Liegerades, das an der Hauswand im Hof steht. Es ist nicht schlimm, ungemütlich oder gefährlich - er hat es nur noch nie gemacht und deshalb ängstigt es mich. Mein Impuls ist, ihn hereinzuholen. Zu mir, in meine Nähe. Aber er macht deutlich, dass er genau dort bleiben will. Nun schon die dritte Nacht. Immer wieder gehe ich zu ihm hinaus. Ich ziehe das Rad einige Meter von der Wand vor, damit es vor den Fenstern steht und ich von innen auf den Sitz sehen kann. Bert guckt ein wenig mürrisch dabei, aber ich glaube, er versteht mich. Komisch, dass er dort schläft, aber gut, dass er in Sichtweite ist. Manchmal setze ich mich zu ihm hinaus, werde dabei aber das Gefühl nicht los, er wäre lieber allein.

Dann ist er wieder viele Stunden weg – im Garten, in der Wildnis hinter dem Haus, im Niemandsland. Ich weiß nicht wo. Ich verschiebe Termine, um auf Bert zu warten. Für wenige Stunden lässt er sich blicken. Wenn, dann in der Nacht. Nimmt einen Happen, putzt sich, schläft kurz und geht wieder. Er wirkt rastlos.

Ich möchte unbedingt mitbekommen, wenn er da ist. Bisher hatten mir die wenigen Stunden Schlaf etwas Stabilität gegeben. Nur, wenn ich schlafe, bekomme ich wahrscheinlich nicht mit, wenn Bert auftaucht. Was ist, wenn er nach Hause kommt und dringend Hilfe benötigt? Und ich schlafe und bemerke es nicht?

Bert: „Der Tumor in mir machte einen großen Schub nach vorne. Ich musste mich neu auf die Situation einstellen. Ich brauchte in diesen Tagen Nähe und Distanz gleichzeitig. Ich brauchte die Sterne über mir und den Halt Deiner Liebe.

Außerdem war es lustig auf Deinem Fahrrad zu sitzen. Du hast zahllose Reisen damit unternommen. Nun war es meine Reise mit dir."

In dieser Woche habe ich Bert wieder vier Tage nicht gesehen. Gestern Abend schlief ich ein mit dem Gedanken, ihn vermutlich nie mehr zu sehen, zu spüren, zu berühren. Wieder ein Abschied von ihm, ein trauriges Loslassen, resignieren, Tränen, akzeptieren. Mitten in der Nacht werde ich wach. Das Nachtlicht an der Eingangstür lässt schemenhaft graue Schatten erkennen. Neben mir liegt eine Katze. Ich mache das Licht an. Es ist nicht, wie vermutet, Ernie. Bert liegt da, er sieht abgekämpft aus, hat eine schmutzige Nase, verdreckte Pfoten. Er schläft ausgestreckt und entspannt. Meine Tränen laufen und ich kann nicht sagen, ob es Erleichterung ist, Freude, Anspannung, Verzweiflung ... alles gleichzeitig. Ich traue mich kaum, mich zu bewegen, um ihn nicht zu wecken. Ich mache ein Foto davon, wie er schläft. Das Foto geht sofort an eine Freundin, die bald darauf schreibt, dass sie jetzt auch nicht mehr vermutet hatte, dass er nochmal heimkommt.

Am nächsten Vormittag setze ich mich an den Gartenteich. Was kann ich machen? Bert hat körperlich deutlich abgebaut. Der Tumor gibt ihm trotz seines dünnen Körpers eine kugelige Bauchform. Wie er es gesagt hat: Die Veränderungen gehen jetzt schnell. Ich blicke auf das Wasser und frage mich, wie es mir geht. Seit ein paar Wochen befinde ich mich auf einer Achterbahnfahrt. Das ist normal.

In der vergangenen Woche ist die Packung mit den Antidepressiva leer geworden. Ich habe nun aufgehört, sie zu nehmen, obwohl davon dringend abgeraten wird. Es könnte eine Absetzsymptomatik ausgelöst werden, zu der unter anderem das Gefühl von Stromschlägen im Körper oder starke Unruhe zählen. Ein Rezept organisieren, diese ewigen Diskussionen mit der Ärztin und in der Apotheke, bis ich das richtige Medikament bekomme – die Zeit und die Energie möchte ich gerade nicht dafür investieren. Oft stimmt die Verordnung auf dem Rezept nicht, oder das richtige Medikament ist nicht verfügbar. Wie so oft in den vergangenen Jahrzehnten bemerke ich von dem Absetzen keine Veränderung, keinen Einbruch. Es macht keinen Unterschied, ob ich diese Tabletten nehme oder nicht. Die Ärzte interessieren sich für diese Erfahrung nicht, oder geben zu bedenken, es könnte diesmal ganz anders verlaufen. Bisher hatte ich immer noch für möglich gehalten, die Medikamente könnten ihre Versprechen doch irgendwann einlösen. Ich war sechzehn, als ich diesen Wirkstoff zum ersten Mal bekommen habe. Es war damals in mir monatelang alles düster und schwer, jede Bewegung anstrengend, ich wollte nur noch tot sein. Mit den Tabletten fiel ich nach wenigen Tagen in eine beinahe unheimliche Euphorie. Meine Begeisterung über die Wirkung war grenzenlos. Endlich ging es mir besser, ich bekam Zuversicht, konnte wieder teilhaben. Doch das ließ allmählich nach und die Depressionen kamen wieder. Mal stärker, mal erträglicher, eigentlich immer präsent. Es gab in all den Jahren neben der Psychotherapie viele Versuche mit unterschiedlichen Medikamenten, aber diese durchschlagende Wirkung hatten sie nie wieder. Es hieß dann immer, es könnte mir vielleicht noch schlechter gehen, wenn ich sie nun ganz weglassen würde.

Ein paar Mal habe ich das versucht, ganz ohne die Antidepressiva zu leben. Doch die Hoffnung, sie könnten mir helfen, war immer stärker. Nun denke ich, meine Traurigkeit ist berechtigt. Es ist in Ordnung, mich leer und verzweifelt zu fühlen. Die Medikamente können meinen Schmerz nicht heilen und sollen es auch nicht. Es ist normal, gesund. Ist die Trauer nicht auch ein Ausdruck für die Liebe und Verbundenheit? Ich will das gar nicht weg machen.

Die Medikamente haben eine Art Wand gezogen, zwischen die Welt und mich. Oft hat es sich angefühlt, wie in einem Kühlschrank zu sitzen. Meine Gefühle waren wie eingefroren. Ich konnte nicht teilhaben. Vielleicht hat es das Erleben von Depressionen abgefedert, aber es hat mich auch abgetrennt. Die

Medikamente haben mich nicht stabilisiert, sondern mich einfach nur unbeweglich gemacht.

Was mir aber tatsächlich eine Grundstabilität gegeben hat, war ein neues Neuroleptikum – nach vielen Versuchen mit anderen Medikamenten gab es vor zehn Jahren ein neues auf dem Markt, das bewirkte, dass ich regelmäßig und ausreichend schlief. Das war durchaus eine kleine Revolution für mich.

Es gab nicht nur die Depression. Das immer präsente Gefühl, anders zu sein, wie ein Alien, und damit in dieser Welt auch besonders unglücklich, bahnte sich an die Oberfläche. Es zeigte sich mit Beginn der großen Umbruchphase Pubertät durch Selbstverletzungen, Rückzug und einfach einer Art von chronischer Verzweiflung. Seitdem gelang es mir kaum noch einzuschlafen oder gar Erholung zu bekommen. Die Medikamente, die es dafür gibt, können meinen Kopf für eine Weile ausschalten und das innere Karussell zumindest so lange stoppen, dass der Motor etwas abkühlt und der Betrieb wieder aufgenommen werden kann. Es hat geholfen, den Alltag besser bewältigen zu können, die Krisen durch Erschöpfung sind weniger geworden.

Bert: „Der Nebel um Dich herum hat mich oft traurig gestimmt. Das Gift dieser Wirkstoffe zeigt sich wie Ablagerungen in der Aura. Mit der Zeit war es wie eine Hülle, die Dich fest ummantelt hat. Ich konnte es Dir nicht zeigen oder wissen lassen, aber eine Veränderung war überlebenswichtig für Dich."

Der Preis ist, eingefroren und abgetrennt zu sein. Es ist ein teilweise beabsichtigter Effekt dieser Medikamente. Es gab keine gute Lösung. Die gibt es jetzt auch nicht. Ein Medikamentenschlaf ist anders als der natürliche, denn die feinen Antennen werden einfach ausgeschaltet – ich würde nicht hören, wenn ungewöhnliche Geräusche in der Wohnung oder draußen sind. Ich würde nicht hören, kämen Einbrecher gewaltsam in die Wohnung! Langfristige Nebenwirkungen sind ohnehin unbekannt. Die Belastung des Körpers mit dieser Chemie kann niemand vorhersehen. Welche Langzeitschäden erwarten mich vielleicht? Niemand kann mir das sagen.

Bert: „Deine Klarheit hat mich überwältigt, genauso hatte ich es mir gewünscht. So war ich stolz auf diesen Schritt. Die Botschaft war angekommen. Die Weichen waren damit gestellt und Du konntest den Weg in eine andere Richtung fortsetzen. Die Tragweite dieser Entscheidung konntest Du damals nicht erkennen. Es war ein Team-Erfolg. Erkenne die Möglichkeiten!"

Mir war immer klar, dass ich das nicht will, ich wusste nur nicht, wie es ohne gehen kann! Nun aber muss es gehen. Ganz egal wie. Ich werde einen Weg finden. Eins ist klar: Das Wichtigste ist, für Bert da zu sein und reagieren können. Also fälle ich die Entscheidung, die Medikamente nun endgültig abzusetzen. Ein sehr klarer, starker Entschluss. Danke, Bert!

Als ich ohne die Medikamente ins Bett gehe, weiß ich, dass es passiert: Ich kann nicht schlafen. Vielleicht für eine halbe Stunde, aber ich mache mir keinen Druck deswegen. Die Halbwertszeit des Medikaments ist sieben bis zwölf Stunden. Ich rechne: Innerhalb von etwa zwei Tagen ist der Wirkstoff im Körper abgebaut.

Zum Beginn des Basiskurses Tierkommunikation am Montag bin ich also clean. Ich feiere das für mich! Ich habe es also tatsächlich geschafft. Bei meiner Anmeldung vor drei Wochen ging mir kurz noch durch den Kopf: „So richtig passt es nicht zusammen. Einen Haufen Psychopharmaka zu nehmen und mich auf diese sehr feinstoffliche Arbeit einlassen, bei der diese ganze Sensibilität gefragt und erwünscht ist." Damals hatte ich nur keine Idee, wie es ohne Medikamente gehen könnte. Im Kalender steht eine Notiz, dass für alle Katzen eine Entwurmung fällig wäre. Das Medikament hierfür liegt in der Schublade. Dort wird es liegen bleiben. Ich habe mit dem Absetzen meiner eigenen Medikamente ein wenig nachgelesen. Das Mittel gegen Würmer enthält ein hochgiftiges Insektizid. Und ich habe wirklich niemals darüber nachgedacht, aber es ist ja gar nicht möglich, prophylaktisch zu entwurmen. Es wird auch hierfür einen anderen Weg geben und den werden wir gemeinsam gehen. Eine Entscheidungskraft macht sich in mir breit. Die Entscheidung für ein besseres Leben. Das fühlt sich gut an.

Bert: „Ende und Abschied sind eine Wandel-Zeit, eine Metamorphose. Nicht mehr, und nicht weniger. Der Plan ist bereits angelegt und die Richtung ist klar. Nun gibt es kein Aufhalten mehr. Alles konzentriert sich. Vor dem Tod werden die letzten Aufgaben erledigt. Und manchmal sind es die wichtigsten Aufgaben überhaupt. Ich wollte Dir danken für die Liebe und Fürsorge und den gemeinsamen Weg. Ich habe Erfahrungen gesammelt und mein Rucksack war voll mit bunten Bildern dieses Lebens. Ich habe Geborgenheit erfahren und durfte Freiheit leben. Meine Geschenke im Abschied sollten ab jetzt dein Leben verschönern und Dich in eine glücklichere Zeit lenken. Ja, ich hatte kosmische Hilfe dabei. (Er grinst.) Es war ein großes Zusammenwirken. Unterschätze nicht die Kraft und die Magie Deiner kosmischen Familie!"

Kapitel 6 – *Sechste Woche*
Heim kommen zum Sterben

HABEN TIERE WÜNSCHE ZUM STERBEN?
WÄHLEN TIERE DIE ART ZU STERBEN?
GESTALTEN SIE DIE UMSTÄNDE?

Mitten in dieser sonderbaren Mischung aus Freude des Noch-zusammen-sein-Könnens und Traurigkeit angesichts des Abschieds, beginnt die magische Reise in die Tierkommunikation. Es sind zehn Abende über eine Online-Plattform. Ich bin gespannt, was und wer mich alles erwartet. Es ist Montag-Abend, etwas zum Schreiben liegt bereit, eine Kanne Tee ist gekocht. Es kann losgehen. Als ich den Link in den Online-Raum klicke, erscheinen elf kleine Kacheln, auf denen zuerst nur Namen stehen. Auf dem Hauptbildschirm läuft ein Video, das mich sofort in den Bann der Tierwelt zieht. Eine bewegte Collage von Tierarten rund um den Globus, die zu einer sanften Musik galoppieren, fliegen und schwimmen. Ich möchte immer weiter eintauchen und mich von der Faszination weitertreiben lassen.
Doch dann geht es weiter. Nach und nach zeigen sich in den Kacheln die Gesichter der anderen Kursteilnehmerinnen. An diesem Abend lernen wir, uns zu erden und energetisch zu schützen. Wir hören einander zu, wie wir den Tieren später ohne Bewertung und Interpretationen zuhören sollen und machen ein paar Übungen zur Telepathie. In Kleingruppen schi-

Bert: „Wenn die Begleitung des Menschen im Sterben Teil der Lebensaufgabe ist, wird besonderen Wert auf die Umstände gelegt. Von einer hohen Ebene aus haben wir viele Möglichkeiten und auch Unterstützung in vielerlei Form! Außerdem gibt es Absprachen mit anderen Seelen, die ineinandergreifen. Ein geniales Uhrwerk des Lebendigen. Alles geschieht zum Besten und im Einverständnis."

cken wir uns mental Farben zu - die Trefferquote ist deutlich höher als fünfzig Prozent, in einer Runde liegt sie bei hundert Prozent! Erstaunlich. Wir werden alle viel gelobt und ermutigt. Claudia zieht eine Karte für die Gruppe und danach für jede Teilnehmerin eine weitere. Es ist ein Kartendeck mit den Helfertieren, die uns während des Kurses begleiten. Mir gesellt sich der Waschbär an die Seite - und ich erinnere mich sofort an die Begegnung mit der Waschbären-Familie damals in der Klinik, als Cindy und Bert mich begleitet hatten. Seine Botschaft ist heute: Es gibt immer ein „sowohl, als auch". Dass ich sofort eine Assoziation zu unserem Leben habe, deute ich als Wink von Bert. In der Klinik hatte ich Vieles gelernt, was mir innerlich Halt gibt. Oft reicht es schon, diesen fantastischen Bergpark mit seinen vielen kleinen Wasserfällen vor meinen inneren Augen zu haben. Ich fühle mich dann, als wäre ich direkt von der Kraft der Natur umhüllt und ausgefüllt. So verstehe ich den Waschbären als eine Erinnerung an diesen schönen Moment der Begegnung mit den Waschbären dort. Wie eine Brücke zu einem guten Gefühl.

Meine Gefühlslage wird aufgefrischt, ich fühle mich gestärkt und optimistisch nach diesem Abend. Das ist lange her, dass mich etwas so begeistert und getragen hat!

Am gleichen Abend wird eine Facebook-Gruppe für uns eröffnet. Hier können wir uns austauschen, unsere Erfahrungen teilen und dürfen Fragen stellen. Gespannt lese ich die Vorstellungen meiner Mitstreiterinnen. Wir kommen aus allen Himmelsrichtungen, eine von ihnen ist hier ganz in der Nähe geboren und aufgewachsen, die meisten haben Katzen. Wir sind verbunden durch eine sonderbare neue Leidenschaft.

An den meisten Tagen stellt Claudia neue Informationen in die Gruppe. Hier können wir uns über Links zu Videos oder Buchempfehlungen weiter informieren und noch tiefer in die relevanten Themen einsteigen.
Nachdem sich wegen des Absetzens der Medikamente meine tägliche Schlafdauer auf eineinhalb Stunden reduziert hat, habe ich Zeit, um mich eingehender damit zu beschäftigen. Ich sehe mir ein Interview mit dem Biophysiker Dieter Broers an. Er hat sich intensiv mit einem erbsenkleinen Organ in unserm Gehirn befasst: die Zirbeldrüse. Es gibt einige Spekulationen, welche Funktionen dieses tannenzapfenartige Gebilde hat. Manche Mediziner sagen, es hätte keine bedeutsame Funktion. Aus anderen Quellen lese ich heraus, dass es etwas mit dem Tag-Nacht-Rhythmus zu tun zu haben scheint. Interessant finde ich, dass die Zirbeldrüse sich sehr früh in unserer Hirnentwicklung noch im Mutterleib herausbildet. Ab dem sechsunddreißigsten Tag ist sie sichtbar. So unwichtig, denke ich mir, kann sie dann nicht sein. Die ägyptischen Hieroglyphen haben ein Symbol für die Zirbeldrüse, sie steht für das göttliche Auge. Es ist das dritte, das geistige Auge hinter der Stirn. In der Tierkommunikation wird sie relevant, denn es gibt ein Erklärungsmodell, in dem die telepathische Kommunikation über diese kleine Drüse geschieht. Demnach kann man sich vorstellen, aus diesem dritten Auge heraus bildet sich eine imaginierte Antenne, wie ein Lichtstrahl, der zum dritten Auge des Tieres geht

und eine Verbindung herstellt. Denn alle Wirbeltiere haben diese Zirbeldrüse ebenso.

Früher hatte ich mal davon gehört, aber habe es nie auf mich bezogen und Überlegungen angestellt, wie es um meine Zirbeldrüse steht. Doch hier werde ich hellhörig. Es gibt Substanzen, die sich einlagern und zu einer Art Degeneration führen können. Ganz vorn auf der Liste der Mittel mit toxischer Wirkung steht Fluorid, es gilt als Neurotoxin. Also spute ich ins Badezimmer und jubele in mich hinein, weil meine Zahnpasta kein Fluorid enthält. Die nächste Quelle, über die wir viel davon aufnehmen, ist Mineralwasser. Ich staune und werde mich mal nach einer anderen Sorte umsehen. Warum ist da Fluorid drin, wenn es schädliche Auswirkungen hat? Es gibt eine toxische Grenze, aber auch ein dauerhaft hoher Konsum verursacht Vergiftungserscheinungen. Die tägliche Dosis summiert sich über verschiedene Quellen. Nach der ersten Erleichterung über meine Zahnpaste fange ich an zu rechnen. Ich bin nicht gut darin, aber die Logik, der ich folge,

Bert: „Erkennst Du nun, wie alles wunderbar gelenkt ist? All dies lag immer bereit, vor Deinen Füßen, denn du lebst in einem Meer von Möglichkeiten. Doch das Fenster Deiner inneren Bereitschaft war in dieser Zeit optimal geöffnet. Diese scheinbar kleinen Details waren nötig für die Wandlung. Im Frühjahr konnte ich beobachten, wie Du kleine Samen in die Erde gepflanzt und täglich gepflegt und umsorgt hast. Nach wenigen Tagen zeigten sich die Sprossen und ich spürte Deine Begeisterung! Die gleiche Freude konnte ich nun erleben, als Du Deine Augen wirklich öffnetest."

kann nicht vollkommen falsch sein: Fluorid ist in vielen Psychopharmaka enthalten, sehr häufig in Antidepressiva. Die Sorte, die ich bis vor Kurzem in hoher Dosierung genommen habe, verwendet den Begriff sogar in ihrem Namen. Ich studiere die Medikamenteninformationen, die ich aus dem Internet bekomme, und lese dort, dass meine Tabletten zu vierundneunzig Prozent aus einem Fluorid bestehen. Kann es wirklich sein, dass ich seit dreiunddreißig Jahren jeden Morgen pures Fluorid frühstücke? Und das soll gut gewesen sein?

Ich mache mir erstmal einen Kaffee, obwohl ich mir vorgenommen hatte, weniger davon zu trinken. Was bedeutet dieser Fluorid-Konsum nun für mich? Kann ich dann die Tierkommunikation überhaupt machen? Kann man das Fluorid ausleiten? Wie lange wird das dauern? Stimmen all diese Informationen? Warum wird man nirgends darüber aufgeklärt? Die Zirbeldrüse wird auch als das spirituelle Organ beschrieben, weil sie dafür zuständig ist, dass wir unser Bewusstsein erweitern können. Was bedeuteten diese Informationen dann für die ganze Menschheit? Etwa zehn Prozent der Menschen in Deutschland nehmen diese Medikamente. Es hat eine spannende Dimension, wie ich finde. Ich stoße auf noch mehr Literatur und Videos. Eine Welt tut sich auf. So viele Aspekte, von denen ich immer mal etwas gehört habe, aber denen ich nie weiter Beachtung geschenkt habe. Ein Puzzle beginnt, sich in meinem Verstand zusammenzusetzen. Ein neues Bild entsteht. Ich kann neue Verknüpfungen ziehen.

Beinahe vergesse ich in diesen Überlegungen und in der Sorge um Bert, dass es Zeit für Ernies Spritze ist. Eine Notiz im Kalender erinnert mich. Ich komme wieder zurück in die angespannte, verdichtete Atmosphäre. Bert ist wieder abgängig. Aber die anderen sind natürlich auch noch da. Mein schlechtes Ge-

wissen umklammert mich mal wieder – es sagt, ich sei eine schlechte Tierhalterin.
Vor drei Jahren hatte ich eine kahle Stelle an Ernies Bauch bemerkt. Sie wurde nach und nach größer, weil er immer ausgiebiger daran schleckte. Damals vermutete ich einen Zusammenhang mit dem Trockenfutter, das als Reserve an den langen Arbeitstagen (meinen, nicht denen der Katzen) immer bereitstand. Doch es besserte sich nicht, als ich es aus dem Menüplan entfernte.

Als die Stelle immer größer wurde und bald der ganze Bauch kahl war, schlug die Tierärztin eine klassische Behandlung mit Medikamenten vor, die ein überschießendes Immunsystem regulieren, also dämpfen, sollten. Weder brachte das irgendein Ergebnis, noch hatte ich ein gutes Gefühl dabei. Die möglichen Langzeit-Wirkungen hingen uns im Nacken. Ernie schleckte sich systematisch immer mehr kahl, sehr symmetrisch nicht nur am Bauch, sondern schließlich auch entlang der Beine. Ein Allergietest sagte, Ernie würde auf Pollen und Gräser reagieren – dies passte zu der Beobachtung, dass Ernie im Herbst mit dem hektischen Putzen aufhörte und im Frühjahr wieder damit anfing. Doch bald gab es auch diese Pause im Winter nicht mehr. Die Tierärztin erklärte, man könnte mit etwa sechzigprozentigen Erfolgsaussichten eine Desensibilisierungs-Therapie versuchen. Das funktioniert sehr ähnlich wie beim Menschen – aus dem Blut wird ein Medikament gewonnen und nach einem festgelegten Schema unter die Haut gespritzt.

Ich traute Ernie und mir durchaus zu, dass wir das schaffen könnten. Wir sind also mitten im neuen Therapie-Versuch und die nächste Dosis ist fällig. Ich bin mir aber schon nicht mehr so sicher, ob wir insgesamt auf der richtigen Fährte sind. Sehr diszipliniert halten Ernie und ich uns an das Spritz-Schema und

Ernies Bauch ist immer noch kahl. Kurz nach einer Spritze zeigt sich eine Verschlechterung, die Haut entzündet sich und er bekommt juckende Pusteln. Mein Gefühl sagt, dass die Allergie nicht die einzige Ursache ist.

Die Tierärztin hatte das auch schon von Anfang an die Frage gestellt: „Wie waren die Lebensumstände, als das Schlecken bei Ernie los ging? Gab es Veränderungen?" Das Einzige, was mir auf dieses hunderte Male gestellte Frage einfällt, sind die Nachbarn, die vor drei Jahren in diesem Drei-Parteien-Mietshaus eingezogen sind.

Wenn ein Haus das letzte in der Straße ist, ganz am Ende eines kleinen Dorfes, nur noch die Garageneinfahrt um sich herum hat und obendrein sehr hellhörig gebaut ist, gibt es viele Eindrücke preis, denen man sich schwer entziehen kann. Schon gar nicht, wenn man in der Mitte wohnt, zwischen der Keller-Wohnung und dem ersten Stock. Ich saß damals gerade auf dem Sofa neben den großen Fenstern, die an den langen Wänden zur Zufahrt bis auf den Bo-

Bert: „Die Erkenntnisse bringen Heilung. Auch Ernie hat seinen Anteil an der Entwicklung. Ihr seid einander Spiegelbild – so ähnlich, dass ihr in den Farben der Seele manchmal kaum zu unterscheiden seid. Bewusstheit, Bewusstwerden, ist Heilung. Der Weg liegt vor euch. Alles Wissen ist da und die Liebe nimmt euch an die Hand.

Wie war die Botschaft des Waschbären? Sowohl, als auch … Die Erkenntnisse der Schulmedizin sind großartig und dienlich, aber nur wirklich hilfreich, wenn sie verknüpft werden mit Wissen der Dimensionen und dem Blick auf das All-Wissen. Ernie zeigte dies sehr deutlich. Auch er will gesehen, gehört und gefühlt werden."

den reichen, als die neue Familie kam, um den Mietvertrag zu unterzeichnen. Es war nur ein kurzer Blick auf die kleine Gruppe draußen und mir schossen Tränen in die Augen, noch bevor ich nachdenken, es mir erklären konnte. Ich hatte keine Informationen über die Familie – Mutter, Vater, Kleinkind. Es waren die Stimme und der Gesichtsausdruck der Frau, die etwas Unbestimmtes in mir auslösten. Meine Versuche, diesen ersten Eindruck beiseitezuschieben, scheiterten kläglich. Sehr bald zeigten sich Schwierigkeiten: Große Müllsäcke im Garten, alle Mülltonnen verstopft, lautes Schreien in der Wohnung rund um die Uhr. Von einem harmonischen Miteinander waren wir immer weit entfernt. Es entwickelten sich richtige Probleme – nicht für diese Nachbarn, aber für mich ist es schwer auszuhalten. Wenn jemand von morgens halb sieben bis abends um zehn laut telefonierend auf dem Balkon über der Wohnung sitzt, sodass es sich anhört, als säße er mit am eigenen Küchentisch, da kommt man schon mal auf Ideen, die nicht nur legal sind. Ich habe mich die ganzen drei Jahre ernsthaft bemüht, respektvoll zu bleiben und nichts davon in die Tat umgesetzt.

Was mich wirklich belastet, sind plötzliche Streitereien. Eigentlich nichts Schlimmes, denn ich bin gar nicht gemeint. Doch es triggert mich und löst in mir einen alten Schrecken auf den Plan. Wenn oben Streit ausbricht, zucke ich zusammen, fühlte mich wie ein kleines Kind, bin voller Angst und rechne mit … ich weiß es eigentlich gar nicht. Es ist irrational, aber mit dem Verstand auch einfach nicht in den Griff zu kriegen. Dafür können diese Nachbarn nichts, aber es raubt mir meine Lebensqualität. Es hängt immer etwas Angst in der Wohnung. Alle Katzen veränderten sich durch die Veränderung im Haus. Während sie vorher sehr oft entspannt im Hof lagen, sehe ich sie dort nur noch selten. Hauptsächlich nur noch dann, wenn wir allein im Haus sind. Wenn die früheren Mieter nach Hause kamen, wurden sie von meinen Katzen begrüßt. Das habe ich bei der neuen Familie niemals beobachtet. Sogar der Silvester-resistente Ernie erschreckt sich manchmal, wenn es über uns poltert.

Vor einem halben Jahr sollte das Kind einen Spielgefährten bekommen und ein kleines Kätzchen zog ein. Dieses Kätzchen wurde oft im Hausflur vergessen oder war über Nacht draußen sich selbst überlassen. Das Katzenkind merkte schnell, dass es woanders heimeliger war und die Versorgung besser gewährleistet. Ich konnte leider nicht zulassen, dass es sich immer wieder zu uns hereinmogelte - Ernie war entschieden dagegen. Das Kleine erfüllte wohl nicht die Wünsche der oberen Nachbarn und wurde eines Tages einfach weggegeben. Einige Wochen später wiederholte sich dieses Drama mit einem anderen Katzenkind.

Bert (er grinst hier ein wenig frech!): „Diamanten aus dem Universum wurden auf Deinen Weg gestreut. Du wusstest es: kanntest die Aufgabe und den Entwicklungsschritt, den es zu gehen galt. Es ging darum, Deine Grenzen zu wahren, Dich zu schützen, für Dich einzutreten und bei Dir zu bleiben. Es waren – zugegebenermaßen – viele Diamanten in kurzer Zeit, sie blendeten ein wenig. Du wirst sie später wieder auf Deinem Weg finden. Willkommen in der neuen Zeit – die Entwicklungsmöglichkeiten nehmen rasant zu. Zeit und Schwingung erhöht sich in turbulenter Art und Weise."

Das alles fällt mir ein, wenn ich darüber nachdenke, was Ernie in Stress versetzt. Seit mir mit den Fragen der Tierärztin klar wurde, dass nicht nur meine Lebensqualität eingeschränkt ist, sondern auch die Katzen krank werden, bin ich dabei, mich nach einer anderen Wohnung umzusehen. Der Wohnungsmarkt ist momentan nicht sehr vielversprechend. Die Mieten explodieren und eine vergleichbare Wohnsituation mit so einem großen Garten und einem Vermieter, der Katzen erlaubt, werde ich so leicht nicht finden. Außerdem will ich dafür kämpfen, bleiben zu können – für mich, für die Katzen. Mir nicht mehr alles gefallen lassen und verteidigen, was mir wichtig ist. In den vergangenen Jahren sind einzigartige Projekte in meinem Garten-Anteil entstanden: ein selbst entworfener Pavillon, der Gartenteich, eine ungewöhnliche Sitzecke aus Gabionen. Eine kleine glückliche Oase. Die sollte ich verlassen?

Wenn die telepathische Kommunikation funktioniert, dann natürlich in beide Richtungen, oder? Also könnte es sein, dass Ernie sehr viel von dem Stress, den diese Situation in mir auslöst, mitbekommt. Wäre ich nur schon mit der Tierkommunikation so weit, dass ich Ernie fragen könnte, woran das Schlecken liegt! Es könnte sein, dass Allergie und Stress Hand in Hand gehen. So ließe sich erklären, dass die Desensibilisierungs-Therapie an ihre Grenzen stößt.

Und Ernie kann sich natürlich genauso wenig der angespannten, traurigen Atmosphäre der vergangenen Wochen entziehen, was den Heilungsprozess vermutlich erschwert. Wie ist es für ihn, dass Bert sich zurückzieht in sich selbst, sich verändert, sich verabschiedet? Bert war hier immer der Fels in der Brandung –

Bert: „Du hast den Schlüssel nun in der Hand und bist den Weg des Erkennens gegangen. Nun brauchst Du Vertrauen und Zuversicht. Heilung ist möglich – auf allen Ebenen und für das ganze System. Diese Schwelle musste überschritten werden."

für uns alle. Er war Ernie wie ein Zieh-Vater und ist heute bestimmt sein bester Freund. Vermute ich. Die Sicherheit und den Trost, den Ernie gerade braucht, kann ich vermutlich nicht besonders gut geben. Die vergangenen Wochen drehte sich eigentlich alles um Bert. So intensiv, dass ich beinahe die Allergie-Spritze vergessen hätte. Als ich diese Gedanken habe, drücke ich Ernie sanft an mich und streiche über seinen wiechen Rücken. Er mag viele Berührungen nicht, ich muss achtsam sein, wenn ich nicht will, dass er nach mir schlägt. Wenn ihm etwas zu dicht wird, schlägt er um sich – ich kann ihn so gut verstehen.

Am Dienstag, 22. Juni, sehe ich Bert kurz zur Frühstückszeit, dann ist er wieder weg. Ich hätte bemerkt, wäre er öfter oder länger zu Hause gewesen. Ich schlafe sowieso kaum und bin viel daheim. Maximal zwei Stunden in einer Nacht ist momentan die Reaktion meines Körpers auf das Weglassen der Medikamente. Ich fühle mich wie an einer Steckdose angeschlossen, der Körper ist angespannt. Die Erschöpfung breitet sich aus. Meine Gedanken sind viel bei Bert. Ich erinnere mich an die Durchgaben von Claudia. Sein Verständnis dafür, dass ich besorgt bin, wenn er sich nicht blicken lässt, führt leider nicht dazu, dass er etwas ändert. Er will draußen sein. Ab und zu laufe ich in den Garten durch das Niemandsland bis zu seiner kleinen Oase, suche auf dem benachbarten Feld und in der Wildnis, die hinter dem Haus beginnt. Vielleicht sehe ich ihn wenigstens mal und kann mir einen Eindruck verschaffen, wie sein Zustand ist. Die Wirkung seiner letzten Cortison-Spritze ist nicht mehr so deutlich aufbauend und anhaltend wie zuvor. Vielleicht braucht er nun mehr Unterstützung, vielleicht ist er da draußen aber auch schon gestorben? Es scheint mir immer unwahrscheinlicher, dass er in dem Zustand noch lange lebt.

Am Mittwoch erfüllt mich - mal wieder - eine Art Gewissheit, dass er nicht mehr da ist. Ich probiere, eine mentale Verbindung zu ihm aufzubauen, aber ich habe kein Vertrauen in meine Wahrnehmung. Nach den vielen Tagen sterben, nach den durchlebten Abschieden, als ich Bert schon tot vermutet habe, fühle ich mich hauptsächlich leer. Traurig und erschöpft. Auf dem Sofa finde ich rote Bert-Haare, der blaue Napf mit seinem Namen bleibt leer und sein kleiner Fußball kullert nur herum, wenn ich ihn anstupse. Im Kühlschrank ist noch veganer Schafskäse - ich mag ihn auch nicht mehr. Die Erinnerung, wie ich ihn mit Bert teilen durfte, schmerzt. Der Tag bewegt sich in Zeitlupe, meine Gefühle wabern in mir herum, ich fühle mich kraftlos. Ohne Schlaf ist so ein trauriger Tag extrem lang. Es ist fast, als könnte ich mein Gehirn spüren, wie es angestrengt versucht, sich neu zu orientieren. Es fühlt sich nicht mehr so an als warten die Spielsachen und Schlafplätze noch auf Bert. All das strahlt eine Endgültigkeit aus. Alles um mich herum weiß Bescheid. Eine Stunde in einer schlaflosen Nacht ist wie ein ganzer Tag. Ist es jetzt für immer so ohne ihn? Ich versuche, meinem Verstand begreiflich zu machen, dass er nicht wieder kommen wird, ohne einen toten Körper gesehen zu haben. Ein Gehen ohne Beerdigung, ohne Rituale, ohne den Zeitpunkt zu wissen? Wie lange wird es dauern, bis mein Gehirn und das ganze System es wirklich begreift?

Lucy, Smilla und Ernie sind weich, freundlich, fordernd, müde - wie immer. Was geht in ihnen vor? Wissen sie mehr als ich? Wissen sie, wo Bert gerade ist?

Der Donnerstag beginnt sehr zäh. Wann beginnt ein Tag, wenn man zwei Stunden geschlafen hat? Vielleicht, wenn der Kaffee morgens kocht und die Routine losgeht. Eine Routine, in der Bert fehlt. Ich denke an diesem Tag, dass es sinnlos ist, nach seinem Körper zu suchen. Ich wüsste nicht, wann und wo ich aufhören sollte mit dem Suchen. Eine Katze, die nicht gefunden werden will, findet man auch nicht. Vielleicht bin ich auch einfach heute gar nicht bereit, einen toten Bert zu finden. Alles in mir sträubt sich dagegen. Ich erledige ein paar Aufgaben. Am Nachmittag treffe ich eine Kollegin, um ein Seminar für die nächsten beiden Tage vorzubesprechen. Es gibt nicht mehr viel zu tun und wir können ein wenig reden. Ich erzähle von der Entscheidung, die Medikamente abzusetzen, und erlebe Verständnis. Es ist gut, dass die Seelen-Räume ein wenig durchgelüftet werden. Als ich nach Hause komme, erwarte ich nicht mehr, Bert irgendwo anzutreffen. Ich versuche, zur Ruhe zu kommen. Ernie kuschelt sich zu mir ins Bett, hält aber irgendwann meine Unruhe nicht mehr aus und zieht auf das Sofa um.

Bert: „Mit den anderen war ich stets stark verbunden. Die Tiere sind es sowieso und die Kommunikation ist anders, leichter, direkter über viele Kanäle. Sie wussten also Bescheid, aber auf welcher Seite sich eine Seele befindet, hat für sie eine andere Bedeutung. Sie können Deinen Schmerz nicht immer verstehen und sind oft verwirrt."

Es zerreißt mich morgens nicht mehr innerlich, als ich die Wohnung verlassen muss, um zum Seminar zu fahren. Ich kann nichts mehr tun. Bert ist nicht da. Die Routine, ins Büro zu fahren, den Seminar-Raum vorzubereiten, trägt mich ein wenig in den Tag. Wir hören wie gewohnt von den Teilnehmern, wie ihre aktuelle Situation ist, wie es ihnen geht, und als ich für ein kurzes Statement an der Reihe bin, sehen mich elf fragende Gesichter an. Beim vorherigen Seminar hatte ich erzählt, dass Bert bald sterben wird. Niemand spricht die Frage aus, aber sie wollen wissen, ob er noch lebt. Ich möchte möglichst gefasst wirken, schließlich bin ich die eine Hälfte der Seminar-Leitung. Als ich es ihnen sage, schwappt mir eine Welle von Verständnis entgegen. Manche von ihnen hatten auch Tiere und die meisten hier wissen, wie viel mir meine Katzen bedeuten. Ich bin froh, an diesem Tag nicht so viele Aufgaben übernehmen zu müssen. Das Thema ist compassion – Selbst-Mitgefühl. Es passt heute besonders gut für mich. Am Ende des Tages kann die Gruppe verstehen, dass mir nicht danach ist, in die Kneipe mitzugehen.

Ernie hat sich bereits ins Bett gekuschelt, Lucy liegt auf der Eckbank in ihrem Bettchen eingerollt und Smilla schmiegt sich eng an meinen Hals, als ich mich erschöpft ins Bett lege. Sie hat das Kuscheln perfektioniert. Sie weiß genau den Winkel, in dem sie sich umfallen lassen muss, wenn sie vor einem steht, um maximal Körperkontakt zu haben. Es ist wie warmer Kakao für meine Seele, jedes Mal. Diesmal vor allem ein Trost. Warmer, kuscheliger Trost. Ihr Herz schlägt wie gleichmäßige kleine Hammerschläge in ihrem Brustkorb. Ein beruhigender Rhythmus.
Wann beginnt man richtig zu trauern, wenn ein Tier verschwunden ist? Wann wird die Hoffnung begraben? Die Nacht ist wieder sehr lang und auch diesmal bin ich nach einer Stunde Schlaf wieder hellwach.
Die Tagesroutine nimmt mich an die Hand. Ich koche Kaffee, dusche, mache mich bereit zu fahren und obwohl sich jeder Handgriff, jede Bewegung sehr bleiern und unwirklich anfühlt, komme ich an meinem Arbeitsplatz an. Um neun Uhr beginnt das Seminar und ich darf heute als Co-Referentin hauptsächlich wieder zuhören. Meine Hülle ist anwesend, ich kann die Inhalte kaum aufnehmen, obwohl ich mich wirklich bemühe, mich zu konzentrieren.

Ich höre zu. Blicke aus dem Fenster. Fange meine Gedanken wieder ein und höre wieder zu. Viertel vor elf. Ein Anruf auf dem lautlosen Handy. Auf dem Display erscheint eine Nummer. 0619… Ich kenne die Vorwahl nicht. Es wird ein Werbe-Anruf sein, denke ich, und bleibe in meinem trägen Gedankensumpf. Eine SMS-Benachrichtigung blinkt auf. Die Nachricht ist von dem Tierregister Tasso, der Anruf war es auch. Bert muss gefunden worden sein. Ich überfliege den ersten Satz, denke mir, jemand muss seinen Körper gefunden haben und nun kann ich ihn begraben und den Tod mit meinen Sinnen begreifen und abschließen. Wird es erschreckend, ihn so zu sehen? Er wird nicht mehr würzig duften. Ich frage mich, wer ihn gefunden hat, bin gerührt, dass sich jemand gekümmert hat.

Ich lese die Nachricht nochmal und begreife: „Ihr Tier BERT wurde verletzt aufgefunden." Bert lebt? Gedanken explodieren in mir. Wo ist er, wer hat ihn, wie geht es ihm? „Bitte kontaktieren Sie Melanie …". Ich stürze für das Telefonat ins Nebenzimmer. Anstelle von Melanie, nimmt ihre Mutter den Hörer ab.

„Melanie ist mir ihrem Freund am Freitagabend vom Sportplatz nach Hause gefahren und da haben sie den Kater mitten auf der Straße liegen sehen. Sie konnten gerade noch ausweichen und dann dachten beide, er wäre schon tot, so, wie er da lag", erzählt die Mutter mir. „Sie haben gesehen, dass er ganz kraftlos ist. Er hat gemaunzt und hat sich hochnehmen lassen. Dann sind sie mit dem Kater auf dem Schoß nach Hause gefahren. Sie wussten ja nicht, wo er wohnt und ob er jemandem gehört. Und wir hatten ja selber viele Jahre eine Katze. Ihr Freund hat auch einen Kater. Melanie ist sehr tierlieb, da konnte sie ihn nicht liegen lassen."

Er bekam zu trinken, etwas zu fressen, ruhte sich aus. Gerade sei Melanie mit Bert in der Tierarztpraxis, deshalb gab mir die Mutter ihre Handynummer durch. Während ich die Nummer wähle und bemerke, dass mit der Ziffernreihenfolge wohl etwas nicht stimmt und ich niemand erreiche, zerschlägt sich meine erste Erleichterung: Die Tierärztin wird ihn bestimmt „erlösen" wollen! Bekommt er jetzt gerade die tödliche Spritze? Ist mein Anruf zu spät? Muss er in einer sterilen Praxis auf einem kalten Untersuchungstisch in Stress und nun auch noch ohne mich sterben? In Panik rufe ich nochmals bei der ersten Nummer an, doch die Mutter weiß nicht, zu welchem Tierarzt die Reise ging, und die nochmals durchgegebene Handynummer stimmt auch diesmal nicht. Meinen zitternden Händen fällt es schwer, Buchstaben in die kleine Zeile bei Google einzugeben, doch ich finde schnell heraus, dass nur eine Tierarztpraxis in der Nähe Dienst hat und rufe dort sofort an.

„Haben Sie einen roten Kater bei sich in der Praxis?" Ich merke ein Zögern am anderen Ende der Leitung. Wirkt meine Frage aufdringlich oder sehr konfus? Vielleicht findet sie, ich habe gar keine Berechtigung, etwas über ihre Patienten zu erfahren. Wie kann ich beweisen, dass es *mein* Bert wäre? „Ich habe eine Nachricht von Tasso bekommen, dass mein Kater Bert gefunden wurde. Er ist rot und hat tätowierte Ohren. Ein junges Paar hat ihn gefunden und die Mutter hat gesagt, sie sind mit ihm in eine Tierarztpraxis gefahren."
„Ja, die waren hier und haben ihn wieder mitgenommen."
Ich atme nicht weiter, bis ich diese Nachricht verstanden habe: Bert lebt. „Wie geht es ihm? Ist er angefahren worden?", will ich wissen.
„Er war nur völlig entkräftet und dehydriert. Ich habe ihn an den Tropf gehängt und eine ordentliche Dosis Cortison und ein

Antibiotikum gegeben. Jetzt ist er erstmal wieder stabil. Aber er ist ja insgesamt in keinem guten Zustand."

Vielleicht denkt die Tierärztin, ich wüsste nicht, wie es um Bert steht und würde mich gar nicht kümmern. „Er hat einen riesigen Tumor im Bauch und er ist auch in Behandlung. Er konnte nicht mehr operiert werden", erkläre ich ihr deshalb und erzähle, dass er ein Freigänger ist und ich ihn aber nicht einsperren wollte. „Ich habe nicht damit gerechnet, dass ich ihn nochmal sehe oder ihn finde. Ich hatte direkt bei der Nummer, die mir Tasso gegeben hat, angerufen, aber ich habe nur die Mutter erreicht und die Handynummer, die sie mir gegeben hat, hat nicht gestimmt. Ich habe versucht herauszufinden, in welche Praxis sie gefahren sein könnten." Meine Gedanken überschlagen sich. „Ich wollte nicht warten, bis sie wieder zurück sind. Mir ist wichtig, dass ich mitentscheide, was mit ihm geschieht."

Ich wirke bestimmt konfus, doch die Tierärztin versteht: „Ach, Sie dachten, ich schläfere ihn gleich ein?"

Ja, das dachte ich. Sie meint, Bert wäre nun erstmal durch die Infusion stabilisiert und wünscht uns alles Gute. Es klingt wie: „Ich wünsche Ihnen ein gutes Sterben."

Bert: „Das war nicht der Plan, euthanasiert zu werden. Dies hätte alles geändert! Es hätte mehr Dich, als mich in einen schweren Schockzustand versetzt. Ich war in keinem guten Zustand, aber ich war in der Lage, der Ärztin klarzumachen, dass es noch nicht so weit ist, zu sterben."

Ich bin so durcheinander, dass ich überlege, ob ich das Seminar bis zum Ende durchhalten kann. Meine Kollegin gibt mich aber „frei" und ich vereinbare mit der Familie, dass ich Bert um vierzehn Uhr hole. Ich muss ja erstmal nach Hause fahren. Ich hatte morgens entschieden, mit dem Rad zu fahren und bereue es kurz. Dreiundzwanzig Kilometer, allerdings mit dem E-Bike. Ich brauche mindestens eine Stunde mit der Turbo-Unterstützung, eine halbe Stunde länger als mit dem Auto. Doch es ist genau richtig so. Die Bewegung hilft, zu verarbeiten, dem angestauten Stress ein Ventil zu geben und mich in der neuen Situation zu orientieren.

Trotz des Schlafdefizits bin ich nun voller Energie und erzähle Lucy, Ernie und Smilla die Neuigkeiten. Die große Transportbox wird extra weich mit Decken ausgestattet. Die zwölf Kilometer bis ins übernächste Dorf kommen mir endlos weit weg vor. Alle Autos vor mir fahren extra langsam und die Ampeln haben sich gegen mich verschworen. Vor der Häuserreihe sind zwei große Parkplätze frei, doch ich rangiere in der Aufregung eine Ewigkeit, bis das Auto immer noch sehr schief stehen bleiben kann. Ich werde erwartet, Melanie steht auf dem Balkon und winkt mich zum richtigen Haus. Im ersten Stock lehnt sie an der Tür. Bert ist schon vom Sofa aufgestanden und unterwegs zur Haustür. „Bert, was hast du gemacht? Warum bist du nicht nach Hause gekommen? Ich habe auf dich gewartet! Komm her!“ Ich streichle ihm über den zerzausten Kopf. Er be-

Bert: „Mal ehrlich. Das war für Dich der beeindruckendste Part unseres Weges. Zu erleben, wie alles ineinander spielt und letztlich einen sinnhaften Zusammenhang hat, wurde für Dich hier deutlich. Wie hätte ich Dir das sonst so klar machen können? Schließlich war diese Erfahrung für Dich der Antrieb, unsere Geschichte aufzuschreiben. Kaum etwas sonst hätte Dich so aufgerüttelt! Ich liebte es, Regisseur zu sein!“

schwert sich maunzend und findet seinerseits, ich hätte mir sehr viel Zeit gelassen, ihn endlich abzuholen. So zielgerichtet wie er auf die Transportbox zuläuft, habe ich wirklich den Eindruck, dass dieser Kater sehr genau Bescheid weiß, was er tut. Er weiß alles. Er setzt sich in die Box – das habe ich mit ihm noch nie erlebt! – und grummelt etwas vor sich hin, während ich seine Tierarztrechnung bezahle und die Medikamente einpacke. Ich höre mir das ganze Abenteuer nochmal an. Wir können nicht mehr genau rekonstruieren, wo sie Bert gefunden haben. Ich vermute, dass es die Straße direkt zwischen dem Niemandsland und dem Feld ist, doch nach der Beschreibung klingt es, als wäre es zwischen den beiden Dörfern gewesen und damit etwas weiter weg. Wo wollte er hin? Bert hat gemaunzt, als er von der Straße hochgehoben wurde, bestimmt hat sein Tumor da geschmerzt, und auf dem Schoß von Melanie ist er sofort eingeschlafen. In der Wohnung zeigte er sich geduldig, ließ sich verwöhnen, nahm das Angebot, sich auszuschlafen, zufrieden an. Das Futter mochte er nicht. Sie haben ihm angesehen, dass er sehr abgemagert und nicht gesund ist, und fragten sich, ob er vielleicht doch angefahren wurde. Deshalb haben sie entschieden, zum Tierarzt zu fahren. „Kennen Sie die Taverne bei uns im Dorf? Mögen Sie griechisches Essen?" frage ich zum Abschied noch. Ich habe die Idee, einen Gutschein von dort zu organisieren und ihnen zu schicken. Diese jungen Menschen sollen bitte die Erfahrung mitnehmen, dass es lohnenswert ist, was sie getan haben.

Auf der Rückfahrt bin ich erfüllt von Dankbarkeit und auch einem Staunen über die Bereitschaft, sich so um ein Tier zu kümmern. Sie haben ein offensichtlich krankes Tier eingepackt, versorgt, zum Tierarzt gebracht, dort die Rechnung bezahlt und ihn wieder mitgenommen, ohne zu wissen, ob sich ein Besitzer melden wird. Es berührt mich sehr.

Bert wird von den anderen begrüßt und alle profitieren vom Buffet, das sich in der Küche entfaltet.

Bert frisst nur einen kleinen Happen, trinkt etwas – und macht sich sofort auf den Weg in Richtung Katzenklappe im Badezimmer. Die ist nicht ebenerdig, sondern er muss dafür auf die Badewanne springen und dann auf das kleine Schränkchen steigen. Er schafft es nicht auf den Badewannenrand. Der Tumor in seinem Bauch wirkt wie ein schwerer Ball, der ihn aus dem Gleichgewicht bringt. Bert ist zu schwach und torkelt. Ich stelle mir vor, dass er in den Gartenteich fallen könnte und dort ertrinken würde oder er woanders hinunterfällt. Draußen lauern jetzt andere Gefahren für ihn. Wenn er selbstständig nicht mehr durch die Katzenklappe kommt, so entscheide ich, bleibt er von jetzt an drinnen. Ich finde, er hat sich genug verabschiedet von den Orten, die ihm wichtig waren. Er soll sich jetzt ausruhen. Und auch nicht überfahren werden. Keine Ausflüge mehr für Bert.
Ich hatte die Nachricht von Tasso gleich an Claudia weitergeschickt. Vielleicht hat sie Zeit für uns. Wir telefonieren, nachdem hier alle wieder angekommen und aufgeräumt sind. Meine dringendste Frage, die ich mich aber fast nicht traue zu stellen: „Warum hat Bert sich auf die Straße gelegt? Wollte er überfahren werden? Wünschte er sich diesen Tod, schafft er es vielleicht nicht allein?" Claudia denkt nicht, dass es so ist, und mein Gefühl ist es eigentlich auch nicht. Vielmehr ging es tatsächlich darum, nach Hause zu kommen, und nun die letzte Phase gemeinsam zu gehen. Er hat sich für zweihundert Euro zum Sterben nach Hause fahren lassen.
Claudia erinnert mich, dass es sein kann, dass ein Aufblühen sichtbar wird und er sich ungewohnt verhalten kann. Sie sagt nochmal, dass ein Tier in der letzten Sterbephase nicht zum Fressen gezwungen werden soll und dass es ungewöhnliche,

nie gehörte Laute von sich geben kann. Dies alles seien normale Prozesse. Und wenn ich es nicht aushalte, wenn ich doch den Eindruck bekomme, dass er sich quält, kann ich mich für die Euthanasie entscheiden. Es ist okay, ich kann jederzeit neu entscheiden. Wir gehen jetzt die letzten kleinen Schritte gemeinsam. Tiere wissen, wie sterben geht. Wir Menschen haben es verlernt.

Ich bin vorbereitet und lade den Tod nun ein zu kommen und Bert mitzunehmen.

Bert: „Das Regiebuch wird von der ersten bis zur letzten Seite geschrieben, bevor wir alle in die Inkarnation eintreten. Änderungen vorbehalten. Wird dem Wasser ein Felsbrocken in seinen Fluss gelegt, so wird es nicht rückwärts fließen, richtig? Meine Pläne waren jedoch eine perfekte Ergänzung zu Deinen Entwicklungen und Aufgaben. So konnte alles geschehen und seine Wirkung entfalten. Eine Heilung für uns beide.
Die Details sind komplizierter, als wir – wenn wir dann auf der Erde sind – ermessen können. Es gibt nichts, das ohne Anlass oder Wirkung geschieht.
So war jeder einzelne Tag eine Vollendung. Ich war froh, nun angekommen zu sein am Ende, kurz vor dem Ziel. Nicht, dass ich mich auf den Tod freute, aber ich gab mich hinein in die Geborgenheit und Schönheit des Lebens – das Ende gehört dazu, sonst wäre es nicht vollständig.

Ich war stets begleitet von Deiner Liebe und wohlwollenden Wesenheiten."

Kapitel 7 - *Siebte Woche*
Letzte Botschaften im Wandeln

WIE ERLEBEN TIERE STERBEN UND TOD?

Bert: „Ich war umgeben von haltenden Energien und konnte das Licht sehen. Ich wurde getragen und konnte mich einstimmen auf die letzten Veränderungen. Ich war nun in dem Rückzug, wie Du es von der Ebbe kennst. Nach der Flut meines Lebens ging ich nun zurück zur Quelle. Vertrauensvoll, getragen, geliebt."

Bert scheint nun zwischen den Welten zu wandeln - und mehr auf der anderen Seite zu sein als bei uns. Meistens, wenn er auf dem Sofa, dem Boden oder dem Bett liegt, schläft er nicht, aber er ist auch nicht wach. Nicht präsent. Irgendwie woanders. Er sieht dabei sehr entspannt aus. Was nimmt er wahr? Ernie und Lucy legen sich oft in seine Nähe - ruhig und sanft. Wir sind nur gemeinsam da. Es ist ruhig hier, gedämpft. Ich mag nicht telefonieren und auch sonst keinen Lärm verursachen. Auch keinen Gedanken-Lärm.

Bert hat schnell akzeptiert, dass die Katzenklappen nun verschlossen sind. Die anderen drei lasse ich durch das Fenster rein und raus. Bestimmt brauchen sie ab und zu etwas Abstand und Normalität.

Am Sonntagabend, 27. Juni, sehe ich noch, wie er einen kleinen Happen aus seinem Napf nimmt. Mein Bedürfnis ist wieder, ihn zu knuddeln, zu berühren, zu halten. Doch mein Eindruck ist, dass er es nicht möchte. Ich vertraue dieser Wahrnehmung, er soll sich nicht bedrängt fühlen. In Gedanken schicke ich ihm Bilder unseres gemeinsamen Lebens. Schöne, kostbare Momente. Ich möchte sie ihm gerne mitgeben. Eine Szene, die Bert mir in den vergangenen Monaten noch für mein Herz-Fotoalbum geschenkt hat, war diese: Wenn ich mich mit etwas gut Duftendem, wie einem veganen Schinkenbrötchen, auf das Sofa setzte, gesellte er sich zu mir und stupste mich mit der Pfote seitlich am Arm an. Sehr vorsichtig und zart, aber bestimmt. Mein Herz schmolz und ich schimpfte (nur ein wenig) mit ihm, dass er mit so einer Geste jetzt anfing, wo er bald sterben würde. Es war so unfassbar niedlich, dass ich damals sofort wusste, ich würde dies in Zukunft immer vermissen.
Am nächsten Morgen ohne Schlaf ist erstmal alles unverändert. Doch Bert mag nichts fressen. Ich lasse ihn schlafen und zwischen den Welten wandeln. Er liegt mal auf der kühlen Bettdecke, dann auf dem Fliesenboden. Wie es in den Sterbephasen beschrieben ist: Der Körper braucht die Abkühlung, um Energien zu lösen. In den Vormittagsstunden wächst in mir die Vermutung, dass wir nur noch wenige Stunden haben und Bert noch heute sterben könnte. Ich habe keine Angst, es ist nur schwer. Ich schreibe Claudia, dass ich heute beim zweiten Kurs-Abend wahrscheinlich nicht dabei sein kann. Sie antwortet

Bert: „Den Kurs absagen? Das kam überhaupt nicht in Frage! Hier hattest Du (noch) nicht verstanden, was wirklich wichtig ist. Ich musste etwas nachhelfen."

verständnisvoll und meint, ich könne das kurzfristig entscheiden.
Ich lege mich zu Bert in das Bett, mit einigem Abstand, damit er sich nicht bedrängt fühlt und sich nicht verkriechen möchte. Die Erinnerung an seinen seidigen roten Pelz soll sich bitte in mein Gedächtnis einbrennen. Vor einigen Jahren entdecke ich viele kleine grüne Punkte in seinem Fell, als er nach Hause kam und sich vor der Garage hinlegte. Zuerst dachte ich an eine Art Pickel, aber das konnte nicht sein! Ich dachte, es könnte sich um kleine grüne Läuse handeln. Doch sie bewegten sich gar nicht. Es waren winzig kleine Kletten und es sah sehr lustig aus. Ich musste an das Sams denken, mit seinen Wunschpunkten! Ich wünsche Bert ein leichtes Sterben.
Heute?

Er träumt gerade und seine Augenlieder zucken. Ich werde seine Art, mich anzugucken, sehr ruhig und liebevoll, niemals vergessen. Ich erinnere mich, als er mich eines Morgens nur mit einem Auge anguckte. Mein Pirat. Das ist einer seiner ältesten Kosenamen seit unserem ersten

Bert: „Schritt für Schritt, jeder einzelne ist wichtig. Einatmen, ausatmen, alles fließt. Ziehe nicht daran, schubse mich nicht. So wird es gut. Wie eine Knospe sich öffnet und die Blüte sich entfaltet. Zieh nicht an den Blättern, sonst reißen sie aus. Es ist gut, wie es ist. Gehe mit, schwinge Dich ein und vertraue mir.

Ich liebte Dein Vertrauen zu mir in diesen Stunden mehr denn je. Es war wie eine Wolke, die mich umhüllte und empor trug. Ich war bereits weit weg und niemals näher als jetzt. Das Materielle, der Körper, war schon weit, die Seele breitete gerade ihre Schwingen aus und berührte alles, was ich liebte."

Tierarztbesuch. Das Auge war nicht verletzt, aber die Nickhaut hatte sich darübergelegt. Mit der Vorderpfote humpelte er. Er hatte das Horner-Syndrom, das nach einer Quetschung eines Nervs in der Schulter entstehen kann. Cindy und Bert tobten in den Wochen, bevor sie Freigänger werden durften, stundenlang ungestüm durch die Wohnung. Dabei musste es passiert sein. Beim Tierarzt wurde auch ein Nabelbruch festgestellt und er wies mich darauf hin, das operieren zu lassen, wenn mal eine Zahnsanierung oder etwas anderes ansteht. Das ist ihm erspart geblieben in diesem Leben.

Am frühen Nachmittag kommt mir die Frage, ob Bert vielleicht durstig, aber zu schwach ist, um in die Küche zu laufen. Als er vor ein paar Stunden auf das Bett wollte, fiel es ihm etwas schwer hochzuspringen. So biete ich ihm aus einem flachen Schälchen Wasser an, damit er den Weg zum Wassernapf nicht laufen muss. Bert nimmt es, aber es wirkt merkwürdig. Er hängt seinen Unterkiefer in die Schale und lässt das Wasser eher in sich hineinlaufen, als dass er es richtig aufschlabbern würde. Er trinkt beinahe das ganze Schälchen aus. Es wirkt einen Moment lang wie ein Hoffnungsschimmer. Stirbt er doch noch nicht jetzt?
Bert wechselt seinen Platz und legt sich fast mittig in der Wohnung auf die Fliesen. Es scheint für ihn genau der richtige Platz zu sein. Ich nehme mir eine Decke und Kissen und schlage mein Lager dort in ein Meter Entfernung auf. Meine Versuche zu lesen gelingen nicht. Wie wird es sein, das Sterben? Bilder unseres gemeinsamen Lebens wandern durch meinen Kopf. Bert versuchte sich einige Male im Klavier spielen, lief auf den Tasten hin und her. Ohne besondere Begabung. Als ich nach vielen Jahren ohne Übung die Geige testete, riss er voller Schrecken die Augen auf und rannte so weit er konnte. Musik hat uns noch nie verbunden.

Smilla ängstigt die Situation. Sie kommt ab und zu von draußen rein, sieht wie Bert dort liegt, knurrt und faucht, dreht sich dann schnell um und verschwindet wieder für eine Weile. Sie macht mir damit deutlich, dass eine Veränderung passiert ist, dass etwas im Raum schwebt. Ich denke, sie spürt den Tod. Oder sieht sie ihn?

Und dann frage ich mich wieder, ob es so richtig ist. Ob ich etwas übersehe, was Bert brauchen könnte. Er wirkt überhaupt nicht so, als hätte er Schmerzen. Was, wenn er plötzlich welche bekommt? Hätte ich mich besser vorbereiten müssen? Habe ich mich überschätzt? Meine Wahrnehmung falsch interpretiert? Mein Gehirn puzzelt abrupt Bilder eines Schreckens-Szenarios zusammen und ich rufe in der Tierarztpraxis an, bitte um einen Rückruf. Ich weiß, dass ich jederzeit mit ihm in die Praxis fahren kann, doch meine Frage ist, womit ich ihn unterstützen kann.

Ich gehe kurz in den Garten, atme tief ein und aus, einige Male, und komme wieder in meine Mitte. Da zu sein ist jetzt das Wichtigste. Vertrauen. Bert liegt immer noch an der gleichen Stelle auf dem Boden, die Hinterbeine unter dem Körper, der Kopf liegt auf einer der Vorderpfoten, das andere vordere Beinchen liegt angewinkelt neben dem Kopf. Er wirkt erschöpft, aber nicht leidend. Ich will mir dieses Gesichtchen einprägen und es nie vergessen. Am rechten Ohr hatte er im Winter einen Riss, vermutlich von einem Streit mit einem der Nachbarskater. Es sah nicht sehr schlimm aus, aber die Haut war durchtrennt. Es ist so verheilt und wieder zusammengewachsen, dass er nun

Bert: „Ich bat den Engel der Zuversicht zu uns, an Deine Seite. Er sollte Dich halten und die Ausrichtung stärken. Er war schon bereit."

ein kleines Loch im Ohr hat. Das ist einzigartig. Ich kann gerade durch dieses Loch hindurchgucken.

Als die Tierärztin zurückruft, ist klar, dass es nicht viel zu tun gibt. Ich beschreibe meine Vermutung, dass es seine letzten Stunden sind, und frage, womit wir ihn noch unterstützen können. Sie sagt nicht viel dazu. Das homöopathische Mittel, das sie empfiehlt, würde ich heute nicht mehr in der Apotheke bekommen. Ich spüre auch, dass wir die Zeit gar nicht mehr haben und entscheide, einfach nur bei ihm zu bleiben.

Bert nimmt spätnachmittags nochmal Wasser an und trinkt auch diesmal wieder in einer merkwürdigen Weise. Als ob er die Flüssigkeit nur in sich hineinkippt. Er läuft ein paar Schritte durch die Wohnung, legt sich wieder an die gleiche Stelle hin. Als ich mich auf die Decke setze und etwas lesen will, gesellt sich auch Ernie dazu. Ruhig und aufmerksam betrachtet er Bert. So liegen wir lange zusammen. Smilla schaut wieder herein, aber als sie die Situation unverändert vorfindet, faucht sie und legt den Rückwärtsgang ein. Was macht ihr Angst? Was nimmt sie wahr?

Bert: „Es war nicht wegen mir, dass Smilla zurückwich. Die starken Energien, die mich begleiteten, waren wie eine Wolke über mir und um mich herum. Sie wollte davon nicht berührt werden, nicht mitgezogen werden. Das Tor in die jenseitige Welt war bereits weit geöffnet. Es gab von dort einen sanften Sog. Smilla ist eine kosmische Seele, die diese Vorgänge anders kennt. Deshalb machte es ihr Angst."

Spätnachmittags fülle ich alle Näpfe, doch die Stimmung bleibt gedämpft. Lucy rollt sich auf der Eckbank ein, nachdem sie ihre Kontrollwege durch die Wohnung und um das Haus ein zweites

Mal gelaufen ist. Smilla nimmt nur eine Kleinigkeit zu sich und ist direkt wieder draußen. Ernie möchte auch nach draußen und das große Fenster zum Hof geht mehrmals auf und zu. Bert zeigt kein Interesse daran, rauszugehen. Ich passe trotzdem gut auf ihn auf. Kurz ist es ein bisschen wuselig in der Küche, bis jeder wieder seinen Platz gefunden hat. Bert legt sich neben das Sofa auf den kuscheligen Teppich und sieht aus, als ob es ihm ganz gut geht. Sein Körper ist entspannt, er hangelt zwischendurch nach einer Spielmaus, die an einem Gummiband von der Lehne herunterbaumelt. Es wirkt friedlich, nicht so, als müsse ich eingreifen.

Also logge ich mich um sieben Uhr doch zum Kurs ein. Etwas Ablenkung tut mir bestimmt gut, und die Katzen sind sicher auch froh, wenn meine Aufmerksamkeit sich auf etwas anderes richtet. Es geht direkt los mit Fragen und vielen interessanten Antworten. Wie spricht man mit Tieren aus einem anderen Land? Verstehen sie deutsch? Läuft etwas schief, wenn ich in den Tiergesprächen nur Bilder oder Farben sehe? Mein Blick geht immer wieder zu Bert, ich kann ihn von meinem Platz am Küchentisch gut sehen. Alles wirkt in Ordnung, er ist eingeschlafen. Der Tod hat die Pause-Taste gedrückt.

Mental lassen wir einen kleinen Gegenstand durch den Raum schweben und machen noch mehr Übungen, um die Visualisierungsfähigkeit zu trainieren. Es ist ein kurzweiliger Abend, wir lernen uns ein wenig besser kennen und lachen gemeinsam. Bert scheint mir durch seine Körperhaltung signalisieren zu wollen: „Es ist alles in Ordnung, konzentriere dich auf den Kurs!" Es gelingt mir halbwegs, doch alles bekomme ich sicherlich nicht mit. Als wir um neun Uhr eigentlich zum Ende kommen wollen und ich merke, dass ich kaum noch aufmerksam dabeibleiben kann, kommen noch eine ganze Reihe von Fraugen und eine kleine Diskussion über die Botschaft eines Pferdes, das so gerne Erdbeeren essen wollte, entfacht sich.

Aus den Augenwinkeln bekomme ich mit, wie Bert aufsteht, in meine Richtung kommt und direkt hinter mir an der Eckbank erbricht. Kann ich warten, bis das Seminar beendet wird? Nein, nicht jetzt! Ich klappe den Laptop zu. Bert läuft zwei Meter und erbricht nochmal. Das ganze Wasser, das er heute aufgenommen hatte, verteilt sich nun auf dem Boden. Es sieht aus, als wäre es das pure Wasser und er hätte es nur kurz in seinem Magen aufbewahrt. Anscheinend konnte sein Körper die Flüssigkeit in den vielen Stunden nicht mehr aufnehmen oder weitertransportieren.

Bert: „Nun war kein Aufschub mehr möglich und ich war zufrieden mit meinem Zeitmanagement. Ich brauchte Dich jetzt an meiner Seite. Alles war getan, alles war vorbereitet für die Geburt in die andere Welt."

Ich wische alles weg und sehe mir Bert an. Er setzt sich hin, aufrecht und ruhig. Dann blickt er mir in die Augen. Klar und durchdringend. Jede Zelle, jede Schwingung, die von ihm ausgeht, sagt: „Ich gehe JETZT!"

Ich nicke ihm innerlich zu und sage stumm: „Ich bin da."

Er legt sich wieder auf den Platz auf den Fliesen vor dem Schlafzimmer. Seine Atmung geht etwas schwerer, er guckt ins Leere. Ernie und ich setzen uns zu ihm.

Die Sonne geht unter, es wird dunkel. Ich mache uns ein sanftes Licht im Wohnzimmer und in der Küche an. Es ist ein paar Atemzüge lang fast wie ein Stöhnen, dann wieder ruhig und gleichmäßig. Er fühlt sich an, als würde seine Seele wieder wandeln, hinübergleiten, und er selbst ist hier nicht so ganz spürbar.

Die Nachbarn aus dem oberen Stockwerk kommen nach Hause, es wird laut. Ich versuche es auszublenden. Doch es wird richtig laut. Zuerst verstehe ich nicht, was sie da machen. Sie rütteln an der Haustüre, reden immer lauter durcheinander, schreien sich an. Beleuchten das Haus mit einer starken Lampe, lassen den Motor laufen, schalten alle Lichter ein. Vermutlich haben sie keinen Schlüssel dabei und versuchen nun, bei sich selbst einzubrechen. Mit einer Leiter klettern sie auf ihren Balkon und zerren an den Fenstern. Kurz habe ich Angst, dass sie meine Fenster kaputt machen, um reinzukommen. Es fühlt sich bedrohlich an, auch wenn ich weiß, dass mir mit meinen Katzen hier in der Wohnung nichts passieren kann.

Bert: „Es ist immer einfach nur eine Entscheidung, worauf Du Dich fokussierst. Aber erst in dieser extremen Situation konntest Du es sehen und erleben. Etwas anderes musste erst stärker sein, als der Ärger draußen."

Die Angst schlägt um in eine Wut. Wut darüber, dass Bert wegen diesen doofen Leuten nicht mal in Ruhe seine letzten Atemzüge machen kann!

Doch ich sehe meinen Bert an und es gelingt mir sofort, das Tohuwabohu da draußen auszublenden. Das alles ist gerade nicht wichtig. Das Einzige, was zählt, ist Bert, und für ihn spürbar zu sein. Es ist auf einmal leicht, den Fokus umzulenken. Bisher war mir das nie gelungen in so kurzer Zeit.

Bert steht auf, geht ins Schlafzimmer und legt sich neben die Kommode auf den Boden. Kurz überlege ich, ihn jetzt doch auf meinen Schoß zu nehmen und zu halten, aber nun wirkt er erst recht nicht so, als wollte er angefasst werden. Sein ganzer Körper ist angespannt, die Atmung ist schwer. Er atmet kurz ein und lange aus.

Ich bemerke es kaum, aber das Gezeter und Gezerre von den Nachbarn hat so plötzlich aufgehört, wie es begonnen hat. Sie fahren wieder weg.

Noch einmal schwappt eine Welle des Zweifels über mich. Ist das richtig, hier zu sitzen und nichts zu tun? Wäre jetzt der Zeitpunkt, ihn zu erlösen? Nein, es ist zu spät dafür. Ihn jetzt einzupacken und in eine Klinik zu fahren, wäre das Schlimmste, was ich ihm gerade antun könnte. Herausreißen aus dem Vertrauten, weg von den Freunden, Kälte, Dinge geschehen lassen, die er ganz sicher nicht will.

Wir stehen das jetzt durch. Ein Licht für die Seele wäre gut, damit sie den Weg findet. Ich hole seine Kerze und stelle sie in unsere Nähe. Ich schicke ihm gute Gedanken, Wünsche und ein goldenes Licht.

Bert atmet tiefer ein und das Ausatmen ist heftig und fast wie ein Stöhnen. Es erinnert mich an die Wehen bei einer Geburt. Es lässt sich nichts mehr aufhalten, es geschieht. Ich habe den Impuls, ihn anzufeuern. „Bert, du schaffst das!" Er bäumt sich ein paar Mal leicht auf, atmet stark aus. Sein Kopf wendet sich in meine Richtung. Im Kerzenschein sieht er aus wie ein Totenkopf. Bert atmet ein letztes Mal heftig aus und damit die restliche Energie, die noch in ihm war. Sein Körper verkrampft sich kurz und dann ist alle Spannung weg.
Sein Herz muss nun aufgehört haben zu schlagen.

Bert ist tot.

Ich bleibe bei ihm sitzen, um zu begreifen. Ich streichle ihn. Keine Bewegung mehr. Ich nehme diesen wunderschönen Kater in meine Arme. Nach den langen Wochen, die ich ihn nicht mehr im Arm halten durfte, kann ich ihn endlich umschließen, an mich drücken. Alles an ihm ist nun entspannt. Ich wiege ihn eine Weile. Gehe mit ihm ins Wohnzimmer und lege ihn in sein Lieblingsbett.

Ich öffne die Fenster und Ernie und Smilla setzen sich sofort dort hin und schauen raus. Ich hatte das aufziehende Gewitter nicht bemerkt. Wind braust durch die Büsche, fegt über die Einfahrt, Regen prasselt und Blitze hellen den Nachthimmel auf, untermalt von einem Donnergrollen.

Der Himmel heißt einen kleinen Meister willkommen!

Bert: „So wurde ich geboren in die andere Welt. Dieses Leben war vollbracht, alle Aufträge abgeschlossen. Ich habe das Beste herausgeholt und bis zum letzten Atemzug genossen. Ein Meisterwerk. Das Einzige, was es brauchte, war da zu sein, hinzuspüren und mitzufließen. Nun war ich zurück im großen Ozean, ein funkelnder Stern im galaktischen Ursprung."

Wie hast du das Sterben erlebt? *„Es war eine Abfolge, auf die ich vorbereitet war. Vorbereitet war durch Vertrauen und meine Beobachtungen zu Lebzeiten. Ich habe viele Tiere sterben sehen da draußen im Niemandsland. Ich war ein aufmerksamer Beobachter, ein Student. So hatte ich keine Sorge, dass ich es nicht genauso schaffen würde. In früheren Inkarnationen habe ich andere Arten zu Sterben gewählt. Dramatisch, gewaltig, plötzlich ohne Vorbereitung, schmerzvoll.*

Dieses Mal wollte ich von der Liebe gehalten werden und stolz und kraftvoll diesen Weg bewusst und klar gehen. Du hast mir diesen Wunsch erfüllt. Du hast alle Zeichen erkannt und Dich auf den Prozess eingelassen. Dafür mussten viele kleine Weichen gestellt werden. Doch die Zeit dafür war ideal. Und wir waren ein super Team. Ich hatte so viel Unterstützung. Meine kleine Schwester Cindy war wie ein heller Lichtschein an meiner Seite und die Ahnen und Ältesten sangen mich feierlich durch den Tod."

Wie war es in der anderen Welt, wie war es, dort anzukommen?
„Es ist lichtvoll, warme Energie strömt und die Verbindung zu allem, was ist, ist kaum zu beschreiben. Es ist wie in einem duftenden Lavendelfeld und du gehst auf weichem goldenen Moos. Alles ist sanft. Du bist wieder verbunden mit dem Strom des All-Sehens und All-Wissens und All-Hörens."

Wie blickst du zurück auf dieses Leben? *„Mit Stolz und Liebe. Dir mag diese Zeit kurz vorgekommen sein und Du hättest mich gerne immer noch an Deiner Seite. Doch mein Leben war vollständig. Das habe ich mir gewünscht: Frei zu sein und geborgen gleichzeitig. Ich liebte es, in diesem Körper eines Katers zu sein. Diese unglaublichen Fähigkeiten haben mich stets beeindruckt. Die Liebe zu meinen Weggefährten verbindet mich weiterhin. Wir sind eine Seelenfamilie. Wir werden weitere gemeinsame Aufgaben erfüllen und Abenteuer hier und dort erleben."*

Was ist deine Botschaft, was ist zu tun? *„Es gibt nichts zu tun! Alles ist bereit. Du musst nur hinsehen und die Zweifel beiseitelassen. Der Kosmos ist Dir wohlgesonnen, so wie mir. Bleibe im Fluss und schüttele ab, was Dich behindert. Es ist so vieles möglich, wenn Du Dich selbst entdeckst."*

Werden wir uns wiedersehen? *„Wenn Du siehst und spürst: zu jeder Zeit."*

Kapitel 8 – *Drei Jahre später*

Ein besonderer Geburtstag

Wiederbegegnung – mit Bert in ein neues Leben

Am Tag nach dem Abschied lege ich den Körper, den Bert spürbar verlassen hat, in eine Kiste. Sie ist umrahmt mit roten Mohnblumen aus dem Garten und Fotos von Lucy, Ernie und Smilla. Alle seine Namen stehen auf der Kiste: Pirat, Bertl, bester Schlumpf-Papa. Der Weg bis zum Niemandsland, an dessen Schwelle er begraben werden soll, fühlt sich weit an. Bilder aus Berts Leben begleiten mich – wie er hier am Gartenteich sitzt und abends mit Ernie die Fische zählt, auf der Terrasse in der Sonne döst oder im Blumenbeet gräbt. Der Tod ist Realität geworden. Die Kiste wird schwerer, doch die Freunde, die diesen Weg heute begleiten, nehmen sie mir nicht ab. Ernie und Smilla gehen mit uns. Und gleichzeitig fühlt es sich leicht an. Leicht, weil wir den Weg gemeinsam gegangen sind. Es gab keinen Moment ohne Würde, ohne Achtung vor Berts eigenem Katerwillen. Es ist leicht, weil ich mich beschenkt fühle. Ich durfte sein Mensch sein und an seiner Seite gehen. Er hat mir gezeigt, dass ich ihm, mir selbst und den Prozessen des Lebens und Sterbens Vertrauen darf. Das ist ein Geschenk – Bert war ein Geschenk des Universums.

***

Zwei Jahre später bin ich immer noch beeindruckt, was dieser Kater in seinen letzten Wochen in meinem Leben bewirkt hat. So sehr, dass ich den Wunsch habe, darüber zu schreiben.

Wir haben hier nie Geburtstage gefeiert, denn es gehört zum abschiedlichen Leben, die Dankbarkeit nicht aufzuschieben. In einem Moment kann sich alles verändern. Deshalb ist jeder Tag ein kleines Fest. Heute umso mehr. Zwei Monate nachdem Bert gestorben war, hatten wir im August das letzte Seminar der Tierkommunikations-Ausbildung. Am 31. August. Es ist Berts Geburtstag. Von da an feiere ich diesen Tag. Ich sehe mir bewusst die Spuren an, die Bert in meinem Leben hinterlassen hat. Ich stelle mir die Veränderungen als Geburtstagsgäste an einer langen Tafel sitzend vor.

Zu den Gästen gehören die Menschen aus dem Netzwerk der Tierkommunikation, die nun mein Leben bereichern. Genauso die Verbindung zu mir selbst – meine Gefühle nicht mehr durch Medikamente einzufrieren, ist eine sehr kostbare Veränderung. Dadurch bin ich tief in mir wieder berührbar geworden.

Ein weiterer Gast ist die Zeit. Zeit, die ich zurückgewonnen habe, weil der Fernseher hinausgeflogen ist und ich die Lebenszeit bewusster gestalte.

Und die Tierkommunikation hat einen festen Platz bekommen – sie hat vieles bewirkt.

Mein erstes bewusste Gespräch mit den eigenen Katzen führte ich mit Smilla. Ich fragte sie, so wie wir es im Kurs als Hausaufgabe aufgetragen bekommen hatten: „Was frisst du gern?" Ich konzentrierte mich darauf, ein Bild zu empfangen und erhielt: Tomaten! Kleine rote Tomaten, ich erinnere mich sehr genau daran. Es waren Cocktailtomaten. Das Bild war eigentlich sehr klar, doch das konnte nicht stimmen. Also konzentrierte ich mich nochmal. Und bekam: Tomaten! Diesmal waren auch kleine gelbe dabei. Als beim dritten Versuch wieder das eindeutige Bild von Tomaten kam, sagte ich zu Smilla: „Du magst keine Tomaten!" Und Smilla beschwerte sich: „Warum stellst du solche Fragen? Du weißt, was ich gerne fresse!" Damit sprang sie von meinem Schoß runter und flitzte in den Garten. Da hatte ich den Salat. In späteren Gesprächen zeigte sich immer wieder, dass diese Antwort sehr gut zu ihr passte. Sie findet einfach nicht notwendig, sich über belanglose Dinge zu unterhalten.

Auch Ernies Leben verbesserte sich durch die Tiergespräche. Ernie hatte sehr mitgelitten in dieser schweren Zeit, als Bert ging. Mir war bis vor den Tiergesprächen nicht klar, wie eng wir verbunden, und wie ähnlich wir einander sind. Sein Juckreiz wurde schlimmer und schlimmer. Es dauerte, bis ich die Zusammenhänge erkennen konnte. Im Winter nach Berts Tod waren nicht nur der Bauch, sondern auch der Brustkorb, die Beine innen und außen bis runter zu den Pfoten kahl geschleckt. Die Haut war entzündet und mit Pusteln übersät. Ernie ließ sich nicht davon abhalten stundenlang zu schlecken. Ich konnte nichts finden, was ihm Linderung verschaffte. In einer Nacht, als wir beide schlaflos im Bett lagen, und das Geräusch seiner rauen Zunge auf der nackten Haut mich fast wahnsinnig machte, explodierten meine Wut und Verzweiflung. Ich schnappte Ernie und hielt ihn ganz fest, damit er aufhörte. Wir waren wohl beide erschrocken in diesem Moment. Und wir wussten, dass sich nun etwas ändern musste.

Die Wende kam tatsächlich kurz darauf mit den richtigen Informationen und Schlussfolgerungen. Mit Unterstützung einer Tierheilpraktikerin begannen wir eine Darmsanierung und sicherlich brachte auch das Entfernen einiger Zähne eine starke Entlastung. In den Tiergesprächen wurde deutlich, wie gestresst Ernie gewesen war – von dem schwarz-weißen streunenden Kater, dem Bürgermeister, der so gerne bei uns eingezogen wäre. Und gestresst von meinen Belastungen. Hier war der wichtigste Hebel, an dem die Veränderung ansetzen konnte.

Es dauerte noch ein paar Monate, bis sich alles auflöste. Eine unbeschreibliche Erleichterung war, als die lauten Nachbarn über uns aus dem Haus auszogen. Neue freundliche und tierliebe Mieter kamen und wir konnten alle wieder in die Ruhe dieses beeindruckenden Ortes finden. Der Bürgermeister, dem ich gerne ein Zuhause gegeben hätte, fand schließlich seine eigene Familie. Er ist nun stolzer Besitzer eines Einfamilienhauses mit eigenem Garten und überaus zufrieden mit dieser Entwicklung.

Als es mir mit all diesen Veränderungen immer besser ging, entspannte sich auch Ernie. Die Tierheilpraktikerin löste energetische Blockaden, begleitete uns mit vielen Tipps und Tiergesprächen und schließlich lernte ich selbst die Quantenheilung. Sein Pelz ist nachgewachsen und bis auf eine handbreite, kahlgeputzte Stelle konnten ihm die Pollen, auf die er allergisch war, in diesem Jahr nichts weiter anhaben. Heute haben wir eine Tierärztin an der Seite, der Ernie selbst sagen kann, was er braucht, und die ein großes Repertoire an Kräuterwissen und energetischen Behandlungsmöglichkeiten hat. Ernie wünscht sich nun ein eigenes Buch über seinen Heilungsweg. Er hat großes Interesse an gesundheitlichen Themen. Neulich, als wir gemeinsam auf dem Sofa lagen, meinte er unvermittelt: „Du hast Knoblauch gegessen. Hast Du Würmer?“

Durch Berts Sterben weiß ich, dass ich es schaffen kann, meine Tiere zu begleiten, wenn sie ihre Köfferchen packen. Doch gab es kurz nach seinem Tod immer noch eine Angst, dass sie eher gehen würden, als ich dazu bereit wäre. Viele alltägliche Handlungen waren geprägt davon: Das Kontrollieren mit einer Kamera, wenn ich nicht zuhause war oder ein Futter-Buffet aufbauen, wenn einer nichts essen mochte. Ich wollte noch mehr Vertrauen gewinnen. So fand ich Bianca Stork, deren Lebens-Leidenschaft die Auseinandersetzung und Begegnung mit dem Sterben ist. Bei ihr machte ich eine Ausbildung zur Abschiedsbegleiterin. Denn die Tiergefährten im Abschied zu begleiten, kann so wertvoll sein. In der Ausbildung lernte ich umfassendes Wissen über Sterbeprozesse, Instrumente und Rituale, die den Abschied leichter werden lassen. Ich möchte gerne andere Menschen darin unterstützen, diese letzte Reise mit ihrem Tiergefährten bewusst anzutreten. Damit kein Trauma zurückbleiben muss und das Herz offen bleiben darf für nachfolgende Tiere.

In den Kursen und im Netzwerk hatte ich viele Gelegenheiten, Tiergespräche zu führen. Gerade auch mit Tieren im Sterbeprozess. Es zeigte sich immer wieder, wie Tiere in ihrer letzten Lebensphase noch dringend notwendige Veränderungen erreichen wollen. Oft wünschen sie sich, von ihren Menschen begleitet zu werden.

Meine Angst vor dem Tod hat sich gewandelt und ich fühle mich verbunden mit der geistigen Welt. Es ist gar nicht schwer, mit den verstorbenen Tieren Gespräche zu führen. Und die Verbindungen entpuppen sich oft als viel intensiver als vermutet.

„Ach übrigens war ich schon einmal in Anjas Leben. Ich war ihre erste Katze", sagte Lucy erst neulich der Tierärztin. Wieder rückte ein großes Puzzle-Teil an seinen Platz und ich verstand eine weitere Lektion. Während der Ausbildung hatten meine Kolleginnen Kontakt zu Lucy aufgenommen und es zeigte sich eine intensive Verbindung zwischen uns, die ich selbst zuvor nicht wahrnehmen konnte. „Diese Katze ist voller Liebe für Dich", war die spontane, starke Wahrnehmung von Bianca damals. In diesem Moment bröckelte eine innere Mauer um mein Herz und ich konnte es spüren. Nun, mit dieser weitere Botschaft, verstand ich, und es schloss sich ein Kreis. Tinkas Seele, mit der ich mich innig verbunden fühlte, hatte die erstbeste

Gelegenheit genutzt, wieder an meiner Seite zu inkarnieren. Eine Vorstellung, die mir immer wieder den Atem raubt.

„Wird Bert auch wiederkommen?", fragte ich die Tierärztin.

„Na klar komme ich wieder.

Aber es ist für mich ein langer Prozess zu inkarnieren.

Eines Tages stehe ich vollkommen unerwartet als Katzenwelpe vor Dir. Du erkennst mich an meinen Augen. Dann sind wir wieder zusammen.

Ich bin in Liebe mit Dir verbunden, immer an Deiner Seite."

Interview mit der Tierärztin Kathrin Kirschbaum

Es ist mir ein großes Anliegen, verschiedene Sichtweisen miteinander zu verbinden, um voneinander lernen zu können. So organisierten wir in der Runde der Abschiedsbegleiter-Ausbildung einen trialogischen Tag zur Sterbebegleitung der Tiergefährten. Die Perspektiven von Tierhaltern und den Menschen, die professionell mit Tieren arbeiten sowie die Sicht der Tiere selbst sollten zusammengetragen werden.

Im Oktober 2023 fand unser Seelenleuchten-Trialog in wunderschönem Ambiente eines abgelegenen Hofs statt. Es gab Vorträge und Workshops rund um Sterbebegleitung, palliativer Unterstützung und dem Umgang mit Trauer Schmerz. Dazwischen waren viele wertvolle Begegnungen und persönlicher Austausch möglich.

Im Vorfeld - auf der Suche nach jemand, der die tierärztliche Perspektive einbringen könnte - lernte ich Dr. Kathrin Kirschbaum kennen. Sie ist eine der wenigen Tierärztinnen, die sich aktiv für die natürliche Sterbebegleitung einsetzen. Kathrin ist kräuterkundige Tierärztin und Fachtierärztin für Parasitologie in Rösrath bei Köln. Sie arbeitet unter anderem mit schamanischen Heilmethoden und der Tierkommunikation.

Anlässlich des Buches haben wir über einige Aspekte der Begleitung gesprochen.

Warum setzt Du Dich dafür ein, dass Tiere im natürlichen Prozess sterben können? Warum sollten sich Menschen mit der Möglichkeit auseinandersetzen, ihre Tiere zu begleiten?

In dem Prozess der Begleitung und auch des natürlichen Sterbens sehe ich für den Menschen die Chance der persönlichen Entwicklung. Es ist eine Möglichkeit, sich mit dem eigenen Sterben, dem Tod und Gefühlen auseinanderzusetzen, die heute leicht beiseitegeschoben werden – wenn ich daran denke, dass Menschen oft zum Sterben in einen separaten Raum geschoben werden.
Außerdem sehe ich für die Mensch-Tier-Beziehung eine Möglichkeit des Wachstums und der Stärkung der Verbindung. Die Begleitung ist für den Menschen herausfordernd, der Mensch kann dem Tier dennoch erneut zeigen: „Auf mich kannst du dich hundertprozentig verlassen." Und auch das Tier kann dem Menschen viel mitgeben.

Tiere sind während dieses Prozesses großartige Lehrer der Themen „bedingungslose Liebe", „loslassen" und „annehmen", womit wir so häufig unsere Probleme haben.

Ein weiterer Punkt ist, dass meiner Ansicht nach die Seele des Tieres davon profitiert, wenn das Tier den Weg vollständig bis zum Ende gegangen ist. Stellt man sich den Sterbeprozess ähnlich einem Berg vor, den das Tier erklimmt, dann ist es eine Bereicherung für die Seele des Tieres, wenn es das selbstständig geschafft hat, oben anzukommen. Wird der Weg durch die Euthanasie auf der Hälfte abgeschnitten, weil der Tod unangenehm werden könnte, so fehlt dem Tier ein Teil seiner Seelenaufgabe für diese Inkarnation.

Wenn ich Menschen dabei unterstütze, ihr geliebtes Tier im Sterbeprozess zu begleiten, dann kann ich nicht jedem garantieren, dass er es auch wirklich selbstbestimmt, ohne medizinisch einzugreifen bis zum Ende schafft. Ich finde es leichter erstmal zu sagen: „Wir gehen den Weg gemeinsam und schauen dann, wie weit wir kommen." Und wenn wir es dann gemeinsam geschafft haben, ist die Freude über die tiefe Verbindung und die Entwicklung, die der Weg gebracht hat, umso größer.

Ist dieser Weg mit allen Tieren möglich?

Prinzipiell ist erstmal fast jeder Hund oder jede Katze für diesen Weg geeignet, es mag jedoch einzelne Ausnahmen geben. Dabei muss ich an einen bestimmten Hund mit einem Perianaltumor denken, der irgendwann keinen Kot mehr absetzen konnte. Hier ist eine Euthanasie nahezu unumgänglich. Aber letztendlich kommt es auf den Menschen an. Es gibt heutzutage nicht mehr so viele Menschen, die dazu bereit sind, sich mit dem Thema Tod auseinanderzusetzen.
Bei Pferden finde ich es etwas schwierig, da die Todesursache häufig akut mit schlimmen Koliken oder orthopädischen Verletzungen einhergeht, bei denen direkter Handlungsbedarf besteht. Es ist mir dennoch schon einige Male gelungen, auch Pferde auf ihrem Weg zumindest noch ein kleines Stück begleiten zu dürfen.

Unter welchen Umständen und Voraussetzungen ist eine natürliche Begleitung zuhause für das Tier möglich?

Man kann es vergleichen mit der Frage, ob man in der Lage wäre, einen Menschen zu Hause bis in den Tod zu pflegen. Wer sich das zutraut, der schafft auch eine natürliche Sterbebegleitung beim Tier. Vielleicht ist es beim Menschen sogar etwas schwerer. Es ist auch eine Frage ist, ob man körperlich dazu in der Lage ist, zum Beispiel einem großen Hund beim Aufstehen zu helfen oder ihn möglicherweise zu tragen. Dies gestaltet sich natürlich bei Katzen oder kleineren Hunden einfacher.

Ferner darf man sich mit dem Gedanken anfreunden, dass sich während des Sterbeprozesses die körperlichen Funktionen zugunsten der geistigen verschieben und somit der Kot- und Urinabsatz häufig unkontrolliert erfolgt. Wer damit Schwierigkeiten hat, ist sicherlich weniger für diese Aufgabe geeignet.

Wie kann man sich vorbereiten, worüber sollte man Bescheid wissen?

Man sollte über die Sterbephasen Bescheid wissen. Sie sind im tibetanischen Buch vom Leben und Sterben beschrieben.

Ein Grund, warum sich so viele Menschen auf die Entscheidung des Tierarztes verlassen, ist möglicherweise, dass wir einen Menschen, der Worte verwendet, leichter verstehen als ein Tier. Wenn ein Mensch traurig guckt, weiß ich, wie es sich anfühlt. Bei meinem Tier fragt man sich eher: „Interpretiere ich falsch? Übersehe ich etwas?"

Wenn ein Mensch stirbt, habe ich mich im günstigsten Fall mit ihm schon darüber unterhalten, was er sich im Sterben wünscht, oder ich habe eine Idee davon, was leidvoll ist, weil ich selbst ein Mensch bin. Beim Tier hören wir schneller auf, uns auf unser Gefühl zu verlassen.

Du hast insofern recht, dass die meisten Menschen, wenn sie nicht mehr weiterwissen, einer fachkompetenten Person vertrauen - und das ist erstmal der Tierarzt. Ein Tierarzt wird die Sterbebegleitung aber in aller Regel nicht empfehlen, weil er sich in den seltensten Fällen mit diesem Thema auseinandergesetzt hat. Denn die Sterbebegleitung ist kein Fach, das in der Universität gelehrt wird. Hier steht über allem: Wir möchten das Leiden verhindern.

Du beschreibst es gerade wie eine Reise oder eine Wanderung, die Mensch und Tier gemeinsam unternehmen?

Vielleicht wie den Jakobs-Weg, den man gemeinsam geht. Wo auch die Füße zwischendurch wund gelaufen sind, und du nicht mehr kannst und nicht mehr weißt, wie du es noch schaffen sollst.

Welche „Wanderausrüstung" braucht der Mensch für die Reise der Begleitung?

Der Mensch sollte in der Lage sein, mit den eigenen Themen umzugehen oder wissen, an wen er sich wenden kann, wenn diese sich zeigen. Es werden in dieser Zeit sicherlich viele hochkommen wie beispielsweise die Verlustangst oder des sich ohnmächtig Fühlens, etwa wenn das Tier ungewohnte Töne von sich gibt. Dazu ist es sinnvoll, sich auch mit der menschlichen Sterbebegleitung zu beschäftigen oder sich Videos dazu anzuschauen. Auch hier machen Menschen Geräusche, die aber nicht unbedingt ein Hinweis auf Schmerzen sein müssen.

Während des Prozesses kommt man immer wieder an kritische Punkte, die jedoch individuell recht unterschiedlich sind. Diese hängen mit dem eigenen Lebensweg und den eigenen Erfahrungen zusammen. Es kann sein, dass einer eine Situation nicht als bedrohlich wahrnimmt, während ein anderer sich dabei getriggert fühlt. Fakt ist: Jeder wird auf diesem Weg an seine Grenzen kommen. Dann stellt sich die Frage, wie man damit umgeht. Geht man sofort zum nächstbesten Tierarzt und sagt: „Ich kann nicht mehr", oder versucht man es, sagt: „Ich schau mal, ob wir noch ein Stück weiterkommen." Es wird immer wieder Krisen geben und dann wieder Phasen, die ruhiger verlaufen.

Geht es den Tieren auch darum, uns über unsere Grenzen hinweg zu begleiten?

Es könnte eine Aufgabe der Tiere sein, uns dorthin zu führen, um uns das Loslassen zu erleichtern. Wenn du über Monate hinweg jede Nacht drei oder viermal aufgestanden bist, kommst du irgendwann auch körperlich an Grenzen. Kennst Du das von dem Prozess mit Bert?

Ich kenne es von Tinka, als ich fünf Jahre lang in jeder Nacht mehrmals den Blutzucker gemessen habe. Mit ihrem Tod ist tatsächlich in der Hinsicht eine Last von mir abgefallen. Und vielleicht gehört dies zum Tod, dass er eben auch eine Erlösung sein kann. Und diese Wahrnehmung von Erlösung hilft, zu verarbeiten.

Das ist kein Spaziergang. Eine Rolle spielt auch das Bewusstsein des Menschen – viele Menschen sind einfach auch nicht stark genug. Das Ausmaß ist vorher nicht absehbar. Die Begleitung bringt sie mit den wirklichen Werten des Lebens in Verbindung: Liebe, Fürsorge, sich einfühlen können. Das Tier richtet sich in der Regel nach den Fähigkeiten und Möglichkeiten des Menschen. So nehme ich es wahr, die Tiere sind nicht bewertend.

Als Bert in die letzte Sterbephase kam, schoss mir immer mal wieder die Frage durch den Kopf: Ist es richtig, was ich hier tue? Ich weiß, dass es Meinungen gibt, sein Tier nicht zu euthanasieren wäre Tierquälerei. Ich entschied mich bewusst dazu, darin zu vertrauen, wie ich Bert in den letzten Wochen und Stunden wahrgenommen habe. An seinem letzten Wochenende habe ich in jeder Stunde die Situation neu eingeschätzt und immer war mein Eindruck, es geht ihm gut.

Einige Stunden vor seinem Tod lag Bert hauptsächlich auf den kühlen Fliesen. In den letzten zehn Minuten war sehr deutlich, dass er seine Energie aus dem Körper herausatmet. Genau das wird in den Sterbephasen beschrieben, dass der Körper seine Energien loswerden muss. Für mich war vor allem in dieser Phase sehr wichtig zu wissen, dass das ein normaler und wichtiger Vorgang ist.

Das Sterben ist uns nicht vertraut. Wenn wir uns nicht damit befassen, ängstigen uns Vorgänge, die eigentlich normal sind. Es gibt beispielsweise die Angst, das Tier könnte am Ende ersticken. Kann man ein qualvolles Ersticken, das niemand für sein Tier möchte, unterscheiden von einer veränderten Atmung, die im Sterbeprozess dazugehört?

Man beschreibt die Sterbephasen häufig mit den vier Elementen. Das letzte Element, das geht, ist die Luft. In den letzten Stunden oder Minuten verändert sich die Atmung hin zu einer deutlich verlängerten Ausatmung. Dann weiß man, dass der allerletzte Weg begonnen hat. Das kann für den Unvorbereiteten einem Ersticken ähneln. Es kann auch wie ein Schnappen nach Luft aussehen, aber es gehört dazu. Ein Ersticken würde mit Panik einhergehen - diese Atemveränderung wird aber in aller Regel nicht von Panik begleitet.

Welche Sterbephasen gibt es?

In Phase 1 geht es um das Element Erde. Das Tier frisst teilweise weniger und verliert häufig Muskelmasse.

Die Phase 2 ist die Phase der weiteren Verdünnung. Sie steht in Zusammenhang mit dem Element Wasser. Körperlich baut das Tier weiter ab.

Dann kommt Phase 3, sie steht für das Element Feuer und gilt als letzte Aufbäumphase. In dieser Phase kann man leicht das Gefühl haben, dass sich der Zustand des Tieres doch wieder verbessert. Eine gewisse Hoffnung kann aufkommen.

Phase 4 betrifft die Veränderung der Atmung und das Element Luft.

Dies ist nur eine grobe Orientierung. Tiere wechseln manchmal auch zurück in eine vorherige Phase oder kehren die Phasen um. Insgesamt ziehen sich die Tiere vermehrt zurück, schlafen viel und verbringen mehr und mehr Zeit in der geistigen Welt. Einige starren auch viel in Ecken, was für den Außenstehenden wie dement erscheinen kann. Aber wer weiß, was die Tiere in diesen Ecken wirklich wahrnehmen.

Wir sprechen von einer „palliativen Begleitung", was bedeutet, dass das Tier nicht leiden soll und Schmerzen und andere Symptome gelindert werden. Welche Hilfsmittel haben wir, nutzt Du, um zu erkennen, wenn ein Tier leidet? Der Tierhalter ist mit seinem Tier eng verbunden – was kann ihm helfen zu erkennen, ob eine Grenze zum Leiden erreicht ist?

Es gibt eine Tabelle von einer Tierärztin (Dr. Alice Villalobos, A scoring system for life quality), die verschiedene Parameter zur Einschätzung des Zustandes von palliativen Tierpatienten beschreibt und beurteilt. Dabei geht es unter anderem darum, ob das Tier noch trinkt und/oder frisst, ob und wie es sich bewegt oder ob es Schmerzen hat. Das sind die Fragen, die Tierärzte im Hinterkopf haben, wenn sie den Zustand des Tieres hinsichtlich einer möglichen Euthanasie beurteilen sollen. Wie verhält sich das Tier im Hinblick auf diese Parameter und was ist mein persönlicher Eindruck.

Ich frage mich hier, ob diese Fragen tatsächlich eine Antwort darauf geben, ob das Tier leidet. Wenn ich keinen Appetit mehr habe, ist das in der letzten Sterbephase ein normaler Prozess. Aber ist Appetitlosigkeit leidvoll? Wenn ich mich zurückziehe, mich weniger bewege und einfach nur aus der Entfernung teilhabe, kann ich damit nicht auch einverstanden sein? Es ist letztlich sehr individuell.

Es gibt einige Mythen, rund um das Sterben. Allein schon die Vorstellung, sterben wäre immer leidvoll. Ich habe oft gelesen, ein Tumor könne platzen. Die Wortwahl erzeugt ein scheußliches Bild. Man sieht fast vor sich, wie das Tier explodiert. Was geschieht wirklich?

Bei einem Tumor können Gefäße oder eine Kapsel, die den Tumor umgibt, einreißen. Dies kann zu Blutungen führen, die meist innerlich ablaufen. Da stellt sich mir die Frage: Ist das Leiden? Ist Verbluten Leiden? Meine Stute ist verblutet, ich kam leider zu spät zu ihr. Sie ist schwach geworden, aber Schmerzen habe ich nicht wahrgenommen. Das war kein von Leiden durchdrungener Tod. Meine Stute kam noch blutend zu mir gelaufen und hat mich in einer Art gerufen, wie sie es sonst noch nie gemacht hat. Vielleicht gab es ein Moment, in dem kurze Panik da war, die aber schnell wieder weg war. Vielleicht war es der Wunsch, mich zu rufen, sich mitzuteilen.

Es kommt auch darauf an, wo der Tumor lokalisiert ist, und was das bedeutet. Ich habe einen Hund begleitet, der einen Tumor in der Maulhöhle hatte. Er ist zwei Mal operativ entfernt worden, danach wurde von weiteren Operationen abgeraten, da der Tumor sehr schnell und in voller Größe zurückkam. Dann kam eine Phase, in der dieser Tumor blutet. Da der Hund im Bett der Besitzerin schlief, war dieses eines Tages voller Blut. Er hat es in großen Mengen verloren und es war für die Besitzerin nicht mehr händelbar. An diesem Punkt wurde der Hund euthanasiert. Niemand kann diese Entscheidung beurteilen, der nicht in dieser Situation gewesen ist.

Ich glaube, wenn ich heute darüber nachdenke, wäre der Hund binnen sehr kurzer Zeit auch alleine gegangen. Er wäre wahrscheinlich verblutet. Für die Besitzerin war es der Moment in diesem Bett voller Blut, für jemand anderen wäre es vielleicht nur ein kleinerer Blutfleck, bei dem die Entscheidung gefallen wäre.

Bei Bert ist das nicht passiert, das wäre ein anderer Sterbe-Verlauf gewesen. Er starb vermutlich an einem Organversagen. Er hatte nicht mehr gefressen und getrunken, dann entgiftet der Körper auch nicht mehr richtig. Das Tier stellt alle Vorgänge ein, die Organe versagen.

Eigentlich ist auch interessant, dass man oft sagt: „Wir schläfern ein, damit der Tumor nicht platzt." In wieviel Prozent würde denn eigentlich der Tumor platzen? Das weiß niemand, weil man nicht vorhersehen kann, wie es gewesen wäre.

Wo siehst Du Grenzen in der Möglichkeit, ein Tier zu begleiten?

Die Grenze ist da, wo der Besitzer entscheidet, dass er nicht mehr kann. Ich erinnere mich an eine Hündin, die überall vor die Wände gelaufen ist. Sie fraß zwar noch, aber sie verletzte sich in einer Tour selbst, weil sie ihre Umgebung nicht mehr richtig wahrnehmen konnte. Sie fügte sich dadurch selbst Schmerzen zu. Sie konnte scheinbar nicht loslassen. Trotz starker Abmagerung zog sich die letzte Phase bereits über viele Monate hin. Irgendwann war der Besitzer mürbe, obwohl er erfahren in der natürlichen Sterbebegleitung war. Er sah keinen Fortschritt in dem Prozess des Gehens und entschied sich für eine Euthanasie.

Kürzlich habe ich einen Kater eingeschläfert, der an einem Blasentumor litt. Bei jedem Urinabsatz schrie er vor Schmerzen. Als ich kam, schlief er. Dann wurde er wach und wollte Urin absetzen und fing unglaublich an zu schreien. Diese Schmerzen ließen sich auch über verschiedenste Medikamente nicht steuern. Ich glaube, dass diese Frau für eine natürliche Begleitung offen gewesen wäre, denn der Kater war schon sehr weit. Erst als dieses Schreien dazu kam, hat sie sich für die Euthanasie entschieden. Sie war dankbar, dass er nochmal geschrien hat, es war für sie die Bestätigung des richtigen Zeitpunkts.

Wie siehst Du die Begleitung eines Freigängers?

So wie Du es gemacht hast, ist es für mich sehr stimmig. Du hast ihn lange draußen gelassen. Das finde ich dem Tier gegenüber fair. Ein Tier, das sein Leben draußen verbracht hat, eingesperrt zu halten, ist auf Dauer schwierig. Dennoch birgt das Freilassen die Gefahr, dass sich das Tier zum Sterben verkriecht. Damit kann nicht jeder umgehen. Aber es wäre der natürliche Lauf der Dinge.

Manche Tierhalter sagen, man lässt sein Tier leiden, wenn man es sich selbst überlässt.

Das würde aber auch bedeuten, dass jedes Reh, das im Wald steht, oder jeder Hase auf dem Feld, zwangsläufig leidet auf seinem letzten Weg. Ist das so? Wissen wir es? Können wir es beurteilen?

Hast Du mal erfahren, dass Tiere sich die Euthanasie wünschen?

Wenn ich die Möglichkeit habe, mit den Tieren zu sprechen, stelle ich die Frage, ob eine Euthanasie für sie eine Option wäre. Meine Erfahrung dabei ist, dass die Tiere einschätzen können, ob der Mensch für eine natürliche Sterbebegleitung bereit ist. Wenn das nicht der Fall ist, dann fordern zumindest Hunde es auch nicht wirklich ein. Eine selbstbestimmte Katze, die weiß, dass der Besitzer dazu nicht in der Lage ist, kann auch einfach mal verschwinden.

Wie sieht idealerweise die Zusammenarbeit zwischen Tierarzt und Tierhalter aus? Was wünscht Du Dir?

Ich will es nicht daran festmachen, ob der Besitzer es schafft, sein Tier bis in den natürlichen Tod zu begleiten. Das Ausschlaggebende ist, ob man bereit ist, das Tier soweit es geht zu unterstützen und sich dabei auch Herausforderungen stellt. Was ich nicht schätze, ist, wenn ein Tier eine infauste Diagnose bekommt und der Besitzer sich sofort zur Euthanasie entscheidet, weil es ja ein schlimmer Leidensweg werden könnte. Das ist nicht mein Weg. Ich unterstütze, den Weg so weit zu gehen, wie die Besitzer es schaffen. Das wünsche ich mir von den Tierbesitzern.

Schlusswort

Es ist so leicht, sie zu lieben. Und so schwer, sie loszulassen.

Weißt Du, was Mut ist? Mut ist, mutig zu handeln, auch wenn man sich nicht besonders mutig fühlt.

Darum ist es mutig, eine solche Geschichte zu lesen, und sich von der Gewissheit und dem Schmerz der Endlichkeit berühren zu lassen.

Wenn Du so viel Mut in Dir hast, Dein Tier aus tiefstem Herzen zu lieben – was kann Dir dann noch passieren? Erinnere Dich in den schweren Abschnitten des gemeinsamen Weges an diese Kraft!

Ich danke Dir von Herzen, dass Du Dich auf unsere Geschichte eingelassen, und mich dadurch ein Stück des Weges begleitet hast!

Über die Autorin

Anja Link, 1972 geboren, lebt in einem kleinen mittelfränkischen Dorf in der Nähe von Nürnberg. Als Sozialpädagogin leitet sie eine trialogisch arbeitende Beratungsstelle, in der Erfahrungs- und Fachwissen von Betroffenen, Angehörigen und Fachleuten miteinander verknüpft werden.

Der Perspektivwechsel zwischen verschiedenen Rollen und letztlich die Kommunikation von Seele zu Seele ist zu einer Lebensaufgabe geworden. Das wertvolle Lernen aus dem Austausch, ist ihr immer wieder Antrieb für Weiterentwicklung und Veränderung. So begleitet sie der Wunsch, die eigenen Erkenntnisse zu teilen, um sich in der Heilung gegenseitig zu unterstützen.

Lieblings-Mantra und Vision:
Loka Samastah Sukhino Bavantu - mögen alle Wesen in allen Welten glücklich sein.

Kontakt:

Mail: anjalink@t-online.de

Nachbearbeitung

Das Buch beschreibt in dialogischer Perspektive – aus Sicht des Menschen und des Katers – das Lebensende des tierischen Begleiters. Die Atmosphäre der Erzählung ist teilweise schwer, traurig und gleichzeitig durch die Charakterisierung des Katers in seiner ganz eigenen Art auch humorvoll und bringt den Leser zum Schmunzeln. Es zeigt auf, wie Intuition, Vertrauen und die Tierkommunikation eine Unterstützung in den Sterbephasen sein können. Die Autorin will zu dieser Thematik informieren und den Lesern die Möglichkeit geben, neue/andere Perspektiven auf das Sterben einzunehmen und daraus eine Haltung zu entwickeln, mit der sie vielleicht selbst in ähnlichen Situationen gut vorbereitet sein können.

In unserer Gesellschaft verändert sich die Beziehung zu den Tieren; sie bekommen zunehmend Raum im Alltag und werden oft zu einem Familien-Mitglied. Viele Tier-Halter beschäftigen sich deshalb auch mit dem Lebensende und möchten auch hier das Beste für ihr Tier. „Sieben Wochen Abschied von Bert" gibt den vielschichtigen Erfahrungen mit dem Sterbeprozess Raum, und holt durch die Informationen zur Tierkommunikation und der Sterbebegleitung den Leser mit seinen Fragen in den Prozess hinein. Das Buch dient damit der konstruktiven Auseinandersetzung und Vorbereitung für den Leser selbst.

Der Leser wird eingeladen, Berts Weg mitzugehen. Seine Geschichte wird zum direkten Miterleben beschrieben und dabei das Wissen über die Tierkommunikation und Sterbebegleitung in die Erzählung hineingewoben. Einzigartig wird das Buch durch die Botschaften des Katers selbst. Er hat sich beim Schreiben aus der geistigen Welt zugeschaltet und kommentiert, ergänzt und korrigiert die Texte.

***

Herzlichen Dank für Ihr Interesse an diesem Buch. Wenn es Ihnen gefallen hat, empfehlen Sie es gerne weiter. Auch über positive Rezensionen freuen wir uns sehr. Sie sind sehr wichtig und bedeutungsvoll für uns.
Besuchen Sie gerne unsere Webseite und stöbern Sie in Ruhe in unserem Shop. Hier gibt es Leseproben und Informationen zu allen unseren Büchern und Autoren/Autorinnen.

www.verlagbegegnungen.de

Hinweis auf ein weiteres Buch der Autorin (ersch. im Reichel-Verlag):

Abschied vom Tiergefährten
Wenn dein Tier Abschied nimmt –
Sein Sterben begleiten

Dr. Kathrin Kirschbaum,
Anja Link,
Nina Kelch

Reichel-Verlag, 2024, ISBN: 978-3-910402-12-6

Das Tier am Lebensende zu begleiten, kann eine heilsame Erfahrung sein, die über den Tod hinaus verbindet. Doch oft fehlen Informationen und Unterstützung. Die Autorinnen sind ein Team aus einer Tierärztin und zwei Tierkommunikatorinnen. Ihr gemeinsames Anliegen ist die bewusste Begleitung im Abschied von deinem Tiergefährten. Erfahrung und Erkenntnisse zu den Sterbeprozessen sollen Mythen und Halbwissen ersetzen, und damit der eigenen Intuition Platz machen. Das Buch gibt damit neue Perspektiven über den letzten Abschnitt des gemeinsamen Weges und will zu einer natürlichen Sterbebegleitung ermutigen.

Kontaktdaten: mail@abschied-vom-tiergefaehrten.de

VERLAG

BEGEGNUNGEN